坏蓝
眼睛

著

HUAI LAN
YAN JING'S
WORK

失恋餐厅

SPM 南方出版传媒·广东人民出版社

· 广州 ·

图书在版编目（CIP）数据

失恋餐厅 / 坏蓝眼睛著 . — 广州：广东人民出版社，
2019.10
ISBN 978-7-218-13796-4

Ⅰ.①失… Ⅱ.①坏… Ⅲ.①女性－恋爱－通俗读物
Ⅳ.① C913.1-49

中国版本图书馆 CIP 数据核字（2019）第 176886 号

SHILIAN CANTING

失恋餐厅

坏蓝眼睛　著

出 版 人：肖风华

选题策划：段　洁
责任编辑：刘　宇　马妮璐
责任技编：周　杰　易志华
装帧设计：居　居

出版发行：广东人民出版社
地　　址：广东省广州市海珠区新港西路 204 号 2 号楼（邮政编码：510300）
电　　话：（020）85716809（总编室）
传　　真：（020）85716872
网　　址：http://www.gdpph.com
印　　刷：天津旭丰源印刷有限公司
开　　本：880mm×1230mm　1/32
印　　张：9　字　数：170 千
版　　次：2019 年 10 月第 1 版　2019 年 10 月第 1 次印刷
定　　价：42.00 元

如发现印装质量问题，影响阅读，请与出版社（020 - 85716808）联系调换。
售书热线：（020）85716826

目 录 / C O N T E N T S

失 恋 餐 厅

NO . 01

1

我是在一个很偶然的机会知道这间自助餐厅的。它规模不算很大，价格便宜，种类繁多，并且邻近地铁口，简直是为安慰人心而准备的。对于不想恋爱，不想工作，又没什么特殊爱好的人来说，美食简直是治愈系，而且是唯一的治愈系。

对于一个 27 岁"大龄"，尚未结婚，甚至没有恋爱的古怪女人而言，没有什么了不起的，包括独身一人吃自助餐的习惯。

我第一次走进自助餐厅的时候，服务生问我："您的朋友什么时候到？"

我轻声说："一会就到。"然后贼一样躲在一个静悄悄的角落，从头到尾心惊胆战，唯恐被人揭穿。

心情不爽，吃得不坦然，美食就失去了意义。第二次我再来的时候，我已经可以理直气壮地回答："我一个人。"在服务生的诧异目光下，我从容地走到离餐台很近的位置，拿出斩钉截铁的气势，走向123456选项。

后来，熟了，这家餐馆的服务生已经不再对我好奇，任凭这个奇怪的女人隔三岔五地孤零零一个人来吃自助餐。最烦恼的是遇到新服务生轮岗，看到我又不免一番质疑和揣测，甚至多事地问我要不要拼桌，好像一个人吃饭是一件多么悲惨的事情。

我该怎么样证明一个人吃饭是一件挺快乐的事情呢？

就像我无法跟任何人证明我不需要恋爱，不需要男人，更不需要女人，我愿意一个人待着。葛丽泰·嘉宝曾宣布：Let me alone. 全世界都以为她太奇怪，我却完全明白她的快乐之源，一个人待着，是件多奢侈、多幸福、多愉快的事情，但是大家不能理解。

这是一个规矩的世界，充满规则。你生下来就要遵循一切规则：到了一定年龄要去幼儿园，到了一定年龄要去读书，读书之后要工作，工作和恋爱可以平行，但是到了一定年龄就要结婚，结婚之后就要生育，如此循环往复，构成"人生"。相信很多人在最初懵懂的少年时代也曾想过反叛，但是后来不知道为什么，顺着规则就走入主流，然后和主流一起去鄙视非主流，把不遵循规则的人视为异类，团结就是力量，然后这些所谓的主流就团结起来一起去排斥异类了。

R曾经说过，这个世界上95%以上的人过着行尸走肉的生活，被生活摆布，毫无反抗之力，或者根本不想反抗，异类却快乐活泼。

我就是一个异类，虽然我不怎么快乐，也不怎么活泼，但是我尽量"与众不同"，只想按照自己的意愿生活，这不好吗？人人都爱自己，但是自由是什么呢？自由难道不是首先要尊重"别人愿意怎么样活就怎么样活"的权利吗？

好吧，我说了这么多，因为我饿了。

吃饱了，浑身通达，无比愉快。看！这一排有各种水果陈列，那一排有几十种蔬菜任你挑，比萨、寿司还是烧饼，完全看你是否乐意，鸡翅鸭肝无限量供应，只要你能吃得下，大虾螃蟹偶尔也会出现，但是手慢就会落空。有的人专门练就了一身利眼快步功，无论坐在什么位置，只要服务员捧来"猛货"，恨不得立刻飞檐走壁，手到擒来……哇！是谁发明了自助餐这个东西，真应该给他颁发"诺贝尔热心贡献"奖。在一个基本不受打扰，基本可以获得自由的 3 个小时内，每个人都会获得片刻的欢愉，比恋爱还有趣。

当然，这是只存在于幻想中的美景，实际情况是怎样呢？美食当然毋庸置疑，但是一个人来吃自助餐，除了被服务生斜睨，还会被一些食客猜测，甚至会招来好奇者、好心者、拼桌爱好者、同情病泛滥者，这些人大大打扰了我的乐趣，但是有什么办法呢？这些年来，不是一直被叨扰吗？

习惯了。

有一次，我也突发奇想，给自己编造了一个故事，以满足前来窥探的好奇者的窥私欲。我的故事是这样的：一年前，我和男朋友在这里谈分手，分手后，我非常怀念这一段感情，于是隔三岔五，以享用美食的借口来到这里，其实是在怀念离开我的那个单眼皮男人。

　　这个故事赢得了很多人的同情，同时，他们对我的态度也有了很大的改变。

　　这个故事多么合情合理，并且值得感叹。我想，那些听说了这个故事的人一定会把这件事当作一个极好的谈资，在公司，在家里，跟恋人，跟发小，跟相亲对象，跟陌生人都可以轻松打开话题：那是一个多么可怜的女人，为了一个离开她的男人，一直念念不忘地在分手的餐厅一个人吃饭。

　　我完全可以想象大家在我故事里能迅速找到共鸣，找到优越感，找到泛滥的同情心终于得以释放的快感。只要不打扰我，编个故事骗骗人有什么难？我可是一个编剧。虽然是十八流的。

2

　　"分手餐厅"的故事大概保护了我一两个月的时间，这一两个月内，我充分享受了被怜悯的优待，难怪那么多人撰文教人示弱，一示弱，一定会有强者冒出来保护你。保护弱小，是人类天性，尤其是不必破财费力，谁不乐意施舍这种廉价的同情？

就在我沉浸于故事带给我的宁静时，小灿出现了。

小灿是一个长着虎牙的服务生，其实她不是服务生，只是临时帮忙，当班的服务生突然病了，作为那个女孩的好友兼同租室友，她顶替那个女孩一天。这一天，小灿极其不专业，吊儿郎当不说，还碰倒了餐台上的饮料，洒到一个胖客人身上，客人破口大骂，差点要投诉到经理那里去。小灿因为只是顶班，无所畏惧，跟客人对骂了几句，坐在一边生气。

经理低头哈腰去安慰暴躁脾气的胖子，小灿则无聊地拿着手机玩了一会，抬起眼皮，正好跟我的目光交错。然后小灿坐在了我的对面。当时我正在吃一块甜饼，小灿没好气地问："好吃吗？"我点点头，她也没客气，拿起来就吃了一块。

我们俩面对面吃了一会甜饼，小灿说："听说你挺痴情的，天天在分手的餐厅等前男友？"

我笑笑，想表现一点伤感，却发现很难。

小灿说："你们为什么分手？"

为什么分手？我只是编造了一个关于分手后一个人痴情变成吃货的故事，至于分手的理由？我没想过。但是有什么难的，别忘了我可是一个编剧。

我故意做出"回归到往事里"的状态，慢慢地吞咽着甜饼，就在这个缓慢的过程中，我想出了一个百分之百说服人的理由。

我说:"分手的理由很简单——他的女朋友不同意分手。"

小灿狐疑地看着我,她头脑简单,似乎没有把这复杂的逻辑转过来。我也吃得差不多了,发现小灿有继续刨根问底的可能,再说下去,我该露出破绽了,所以,走吧。

经理没有搞定那个烦躁的胖子,胖子一会要洗衣费,一会要免单,小灿抄起桌上的一杯饮料,径直冲过去,经理和胖子都愣了,小灿"唰"一下,把手里的饮料泼在胖子的裤子上,这下胖子变成了落汤鸡。小灿说:"反正要赔偿,再送你一杯。"

泼完水,小灿在所有人震惊的目光中离开。不久,所有人都反应过来,有人哈哈大笑,胖子则暴跳如雷,看来不但要免单,还要赔偿洗衣费了。

3

这之后的一周,我因为心情不好,没有去吃自助餐。但是我的胃被自助餐惯坏了,我已经习惯了那种走到一群食物中,随意挑选,想吃什么就拿什么的豪气,在其他餐厅里捧着一本大菜谱要思前想后点什么吃的烦躁让我对美食失去了兴趣。

干脆不吃好了。想吃的时候就吃,不想吃的时候就不吃,我可以顺便拥有这样的自由吗?应该可以吧?

八年前，R很惆怅地给我发邮件说，记得好好吃饭。我很不以为然，认为他过于唠叨，巨蟹座男人拿过分关心当爱，常把人爱跑。

想起R，赌气般，仿佛要对抗他散布在空气里的唠叨回响，我不再吃东西了。想想他知道这件事应该会很难过，就有一种罪恶般的愉快，但事实是他根本不可能知道，连愉快都是自欺欺人的。

有一天，我接到了小灿的电话，小灿说话的语气很具特色，我一下就听出是她，那个长着虎牙，脾气也很暴躁的女孩。小灿说想见见我，我本不想跟她见面，但也许因为饥饿让我立场不坚定，我去了自助餐厅。

这次小灿不再是服务员身份，而是食客。虽然她并不受欢迎，但是餐厅就是餐厅，只要在前台把餐费交上，谁都可以在这里大快朵颐，包括闯了祸的小灿。

我饿了一周的胃仿佛一块殚精竭虑的海绵，当我和小灿把一个个装满美食的盘子端到桌上的时候，它突然苏醒了，并且以强力武装的姿态疯狂地开启了吸收模式，不一会儿，一桌子美食已经进入我的肚子。

小灿也不认输，她甚至比我吃得还多，也许跟我一样，也饿了一周。两个人面对面撑得再也说不出一句话的时候，小灿叹了口气。我也叹了口气，小灿说："别再当小三了。"

我吓了一跳。不愧是编剧，我迅速反应过来，小灿终于厘清了我的故事中的复杂逻辑——其实并不多复杂。我忍不住咯咯地笑了起来。果然，吃饱了，人就愉快，或者说，吃饱了，都不好意思伤感。

小灿看我的状态，以为我是自嘲或者羞愧的憨笑，她说："其实也没什么，谁没做过亏心事。"

我点点头，小灿继续说："但是，我知道了你的故事，你不知道我的，为了公平起见，我也把我的故事告诉你。"

我愣了。说真的，我从来没想到故事还可以交换，我更不愿意听别人的故事，因为大家的故事都差不多：你爱我，我爱你；你爱我，我不爱你；你不爱我，我却爱你；你爱我，我爱别人；我爱你，你谁都不爱……故事已经被说来说去毫无新意，每个人都以为自己的故事惊天动地，其实听听都普通得不得了。

我打了个哈欠，小灿立刻发现我的倦意，她说："很简答，三分钟都不用，听完了我们就互不相欠，免得我晚上睡觉总觉得对不起你。"

小灿的故事是这样的："有一个男的对我特别好，反正你能想到的好他都干过，但是他越对我好，我就越烦他，甚至觉得他恶心。我对他特别不好，反正你能想到的怎么对人不好的招我全使过，他还是不死心，继续对我好，我也不死心，继续对他坏。"

小灿是个很懂得顾忌别人感受的人，我能感觉到她尽量让语句简短，避免沉溺在自己的情绪中，浪费别人的时间。虽然她的故事的开端没什么新意，我还是问了一句："后来呢？"

小灿说："没有后来了。"

我大吃一惊："你的故事讲完了？"

小灿说："算是吧。其实也没开始，就是他一直对我好，我一直对他坏，后来某一天他突然停止了，我却停不下来了。"

说到这里，小灿突然沉默了三秒。我说："我明白这种感觉。"

小灿说："蠢货，不是对我好吗？继续啊——但是看起来他比我酷，他想对我好的时候他就对我好了，他不想对我好了，他立刻就不对我好了。"

我说："你喜欢上他了？"

小灿冷笑道："你知道到底什么原因吗？"

我试着推测道："他累了？或者他又喜欢上其他人了？"

小灿说："如果是这样就好了。"

我好奇了，小灿说："他突然不对我好的时候，我确实有点受不了。你知道的，人有时候有一种依赖感，对于习惯的事物，总是难以改变。然后我就去找他，问他为什么。"

我问："他怎么说？"

小灿说："他说，他就想试试他能对一个人好到什么程度。我当时就火了，问他：'为什么是我？'他说：'没有为什么啊，就刚好看到你了，当时如果没看到你，看到其他人也一样啊！'"

小灿苦笑着对我说："这就是我的故事。"

我万分不解，完全没有明白这是什么意思，没明白这个看似简单的故事中复杂的逻辑关系，就像当初小灿听到我的故事时候的表情差不多。

小灿接了一个电话，匆忙地离开了，甚至没有跟我说再见。然而，她的故事让我失眠了。

4

我是个很少为别人的事情操心的人。我努力让自己做到置身事外。我的口头禅是：关我什么事？我也确实在这么做。小学中学大学同学，能不联系的我基本不联系，即使有一两个联系的，大部分时间我对他们不理不睬，不参加聚会，也不跟他们聊天，甚至不愿意知道他们又联系到了哪个失散的同学——关我什么事？但是，小灿的故事严重地干扰了我，我完全没办法理解这个故事。

让我来理理头绪——一个男孩对小灿特别好，小灿对他很差，男孩有一天突然对她不好了，她问原因，他说，他就想看看对一个人好是什么感觉，正好就遇到她了。然后他知道了对别人好是什么感觉了，他就撤退了。

完全没有"感情"这件事的存在？！只是一场以恋爱为借口的行为艺术？目的是探看自己某一方面的能量？这真的太可怕了。

怎么会有这样的事情，怎么会有这样的人？

多么惨烈的故事，远比那些"他辜负了我""他离开了我""他背着我爱别人"残酷得多。恋爱，虽然因为各种原因让人伤心，但是最让人伤心的，恐怕是没有来由的开始和结束吧？

连续好几天，我都被这个故事打扰，我前前后后去想这件事，试图给这件事一个合理的借口。比如说男孩其实是被小灿伤害到了，为了报复她，才这样说的，但是事实到底怎么回事，我不是他，我永远不可能知晓。

我被严重地牵连进去，我甚至开始有代入感，想象如果自己是小灿，如果遇到这样的人，这样的事，我该怎么办？

太残忍。

我从来没有一刻像现在这样如此想跟人分享我的感受，但是翻遍电话簿，我找不到一个可以倾吐心事的对象。这真是现世报！我总以戒绝的姿态拒人千里万里，如今所有人都以安全的状态离我亿万光年。

干脆找小灿聊聊好了，但是去哪里找她呢？我再次去了自助餐厅，却发现餐厅贴出告示：最近装修，暂停营业。

一个工人戴着帽子拿着钻头露出头，我问："什么时候装修好？"他灰头土脸地说："不知道！"声音洪亮，宛如吵架。

我失魂落魄地离开自助餐厅，看着眼前车水马龙，因为觉得自己可能很长一段时间没办法联系到小灿而感到焦虑，但是我没有想到，我再也没见过小灿。

<u>5</u>

我迷上了到各种自助餐厅吃饭，城市这么大，自助餐厅千千万万无数间，种类更多的，交通更便利的，价格更可爱的，比比皆是。

这世界好像突然为我打开了一扇窗户，以前都是紧闭的。我被窗外的景色给迷住了，原来我也有无限的好奇心，以前我一直以为没有。而且，我迷上了一个新奇的游戏——交换故事。

以前我特别害怕别人打扰我，也很害怕我打扰人家，后来我发现，彼此打扰的世界更有趣。我开始兴高采烈地给自己编故事，命题作文一般，主要元素如下：29岁，单身，没工作，习惯吃自助餐，有故事。

这并不难，从小到大我最拿手的就是编故事，而且我现在靠这吃饭。但是现在不一样，我把这门技艺拿到生活中来，并且我能够轻易让对方相信这是真的，然后对方也会送给我一个故事。当然，大部分送来的故事很一般，你爱我我爱你那种，但是也有奇葩频现。

根据人际交往定律，我们遇到一百个人渣，才能遇到一个正常人；遇到一百个正常人，才能遇到一个有趣的人；遇到一百个有趣的人，才能遇到一个自己喜欢的。

我开始满城跑着编故事，满城跑着听故事，我不知道别人的故事到底是真是假，但是我的故事都是假的，因为我现在频繁换餐厅，我不必顾忌说完的谎需要多少个后续的谎来圆，我只需要说谎。

我实在太喜欢这种完全分裂的生活了，它完全是真实的，却完全是虚构的。以前我只有在稿纸上才能够体会这样淋漓尽致的感觉，如今我把它从梦想园挪了下来，就在我的脚下，踩踏吧，少年⋯⋯

这一天，我本来很愉快，但是，我听到了阿伞的故事。阿伞的故事是这样的：

阿伞小时候有一个跟她同龄的邻居，男孩，很淘气，两个人从小就互相斗嘴，一路长大。男孩家境不好，阿伞家境也一般，周围人都以为他们是天生一对，当事人却根本没可能交集。后来男孩家里遇到了变故，父母出了事，这下男孩更加穷困潦倒，甚至连买墓地的钱都没有，好不容易帮父母草草料理了后事，他仿佛一夜长大。阿伞有时候也想帮帮他，但是总觉得力不从心，动力一般。有一天男孩突然接到了一个电报，就失踪了，几年后，男孩突然回来，陡然变身高帅富。原来小说里的情节在现实中发生了，这男孩当初是被收养的，生身父母做生意发达了，一直在找孩子，后来找到了，然后就团圆了。

虽然狗血，但是我觉得这故事很好，至少有点传奇，挺正能量的——男孩虽然受了很多苦，老天却如此眷顾，苦尽甘来。

阿伞难过地说："事情就是这么奇怪，在他失踪的这几年，我发现自己很喜欢他。"

我说："那就趁他回来，跟他表白啊。"

阿伞说："但是，这件事就变得很奇怪了。他回来了，但是他不再是他了。"

我说："并不奇怪，他回来了，他还是他，只是你对他的看法改变了。"

阿伞说："他回来了，他有钱了，然后我喜欢上他了——他理所当然会觉得我喜欢上他的钱了。"

又一个复杂的逻辑。

阿伞那天晚上絮絮叨叨，一直在跟我念这件事。她纠结的重点在于：全世界，包括他，都会认为她是个嫌贫爱富的人，她即使想证明自己喜欢的是他本人也没有这个机会，她很后悔在他没有发达之前自己对他没有表露过哪怕一丝的好感。

我劝她，何必在意别人的看法，遵循内心的情感即可。

她幽幽地说："问题是，我自己也不知道到底是因为他有钱了，我才突然觉得他挺好的，还是他即使没钱，我也觉得他挺好？如果他没钱我也觉得他挺好的话，为什么当初我没有发现对他有好感呢？"

这确实是一个复杂的问题，我的脑袋开始疼了。

6

我越来越离不开别人的故事了。这并不是一个好现象。

之前，我闲云野鹤般，不受拘束，力图寻求理想中的"自由状态"，不喜欢谈恋爱，不喜欢跟人交往，不喜欢工作，如果不是为了谋生，我恐怕连字都不会打一个。然而，现在我完蛋了。

我发现，原来这个世界有那么多有趣的人，有那么多有趣的故事，有那么多不可思议的情绪，有那么多无法理解的念头，有那么多不按常理出牌的状况——完全跟我臆想中的不同。最可怕的是，这些都是真的。虽然我不相信自己的真诚，但是我丝毫不怀疑他人的真诚。有点猥琐，却极其愉快。

我像采蘑菇的小姑娘，背着一个大竹筐，筐里装满了各种各样的故事，有的活泼清纯，有的淳朴可人，有的阴暗晦涩，有的莫名其妙，有的清汤寡水，有的浓烈无比，谁都不知道下一个故事是什么品种，所以这件事变得愉快起来。

我也是，我每天要为自己准备一个故事。

一个单身的 29 岁女人的故事，也不知道哪里来的这么多灵感，好像在我脑海里栽种了一棵故事树，我源源不断地为自己塑造一个个崭新的身份。在这些不同的身份里，我会遇到不同的人，发生不同的故事，爱恨情仇，如此生动，它远比我现实中干瘪的故事好太多了，阳光下，它们灿灿发光，可惜，都是赝品。

没关系。终究还是自由，我愿意怎么样生活的自由，我愿意让自己过什么样生活的自由，我愿意让自己拥有什么样过往的自由……谁有资格指摘我呢？谁又敢说自己完全真实呢？

　　我活在激动的兴奋欣喜和无端的心虚忏悔中。尽管我能为自己找一万个理由，但是平心而论，还是隐隐不安。然后，我遇到了钟圆。

7

　　遇到钟圆算是一个意外。当时，我正跟一个陌生的女孩交换彼此的故事。陌生女孩的故事并不动人。我甚至都不记得讲故事的女孩的模样，女孩离开的时候，我也一并忘记她的故事到底是什么了。

　　抵抗内心不安的法宝还是距离。我和别人交换故事，交换完，大家不留电话，也不再联络，只有故事和故事相连。没有压力，也没有关系，才可轻松。我正准备离开的时候，遇到了钟圆。

　　钟圆样子很普通，瘦瘦高高，戴了一副眼镜，是理工科男人的标准相，略呆，又让人感觉极其聪明。

　　我站在风口打车，运气很背，一直等不来空车，偶尔遇到一辆，停下来，听说我要去的方向，都一言不发地离开。我很愤怒。钟圆也在等车，孤零零的，周末的夜，为什么一个人？

17

看，潜意识里，我也有从众的意识，认为身边没有人陪伴，是孤独的，可怜的，值得同情的。

后来终于来了一辆车，停在钟圆的身边，钟圆犹豫了一下，问我要不要拼车。我当时已经悲愤难平，觉得错过这辆车可能再也等不到其他车了，于是我和钟圆拼车离开。

我们就这样认识了。

钟圆的目的地和我家离得不远，我也没猜错，他确实是个典型的理工科男生，名校毕业，现在在一家知名的公司做架构师。我并不懂他的工作是什么，只是莫名其妙，我想谈恋爱了。

可是，虽然我拥有千百个自编的和收集来的故事，但是当我真的打算开启一段故事的时候，我却笨手笨脚，完全乱了分寸——我不知道他对我是什么感觉，以前我不在乎别人对我是否有感觉，最好没有。然而当我想恋爱的时候，我发现自己特别在乎别人对我的感觉。

我是不是太胖了？我是不是不够时尚？我是不是他喜欢的类型？我怎么判断他是否也想恋爱，对象又正好是我？……

乱了。

拼拼凑凑，女孩的小伎俩也还是有一些的，别忘了我是编剧，别忘了我还有那么多故事，别忘了我善于营造完全不存在的情节——钟圆，看招！

我谎称心情不好，约钟圆一起吃饭。席间，我仔细观察他的表情，认为他果然是对我有好感的。我问他有没有女朋友，他立刻否认——这难道不是说明他其实是对我有好感吗？

好吧，我喝多了。

8

那天到底发生了什么，我不知道。我只知道，我喝多了，多到不可思议，简直可以称作烂醉如泥。喝得烂醉如泥的我并没有得偿所愿地跟钟圆建立起"暧昧而明确"的关系，相反，自从那天晚上我们见面之后，钟圆突然对我冷淡起来了。

到底怎么了？

难道他是个骨子里比外表更传统的男人，认为喝醉酒的女人不成体统？应该不至于吧。如果是这样，他压根就不该赴我的约会。

我没心情讲故事，编故事，以及听故事了。钟圆真是老天派来玩我的，刚刚找到一点点愉快的人生体验，却被全盘打乱。钟圆，你到底是怎么了？在犹豫不决之际，我决定亲自找到钟圆，问个明白。

一个善于编撰人生的人，遇到真正的人生问题，却发现自己完全无能为力。我不是上帝，我无法控制自己的故事，我甚至猜不出他到底怎么了，该死。

"那到底是怎么了呢？到底发生了什么事？"坐在我对面的林也急不可耐地看着我，显然这个故事让她投入进去，她比当时身在其中的我更加想知道原因和结局。

我没办法像以前一样，完全不按照逻辑天马行空地来安排自己的故事，我只能遵循现实，直面人生，把真实的情况告诉她。但是我得想想用什么样的措辞，才能让这故事听起来不那么悲伤。

9

那天，在我喝得烂醉如泥之后，钟圆就变了。之前他对我似乎有一种天然的亲切感，我甚至觉得只需要一个台阶，他就会自然地走到我的生活中来。虽然缺乏实战经验，但对人和人交往中的情绪反应，我还是敏感的，别忘了我是个编剧。

我想直接去问问他到底发生了什么事，却发现自己其实没有足够的底气去面对问题的真实答案。万一他像我所有听过的奇葩男主角们的行为一样，理直气壮地说，其实一开始就没什么呢？

有理由的故事总不会多么悲惨，最可怕、最无法面对的，正是一些没道理的对手们。可是，不愿意面对也会痛苦，直接面对获得痛苦的可能性也不过才百分之五十吧？百分之八十好了，不是还有百分之二十的可能性没那么悲观？

思来想去，痛苦纠结，我最终还是决定找钟圆问个清楚。给自己最坏的打算，期待最好的结果，我给自己打气。

突然间觉得自己很脆弱，一直在追求特立独行，其实也不过是担心自己适应不了社会，融入不了人群吧？看看周围强大的人，他们如鱼得水，不管在什么场合，面对什么样的变故，都处变不惊，运筹帷幄，频道可以随心切换，特别得体，这才是强者。

我呢？披上一层所向披靡的"不在乎"的外衣，内在不过是一个不愿意长大的小孩子，16 岁之后，再也没长大，遇到困难自然躲闪，从来不愿意直接面对问题的症结。

就勇敢一次好了，有什么了不起。大不了回到原点，当作什么都没发生过好了。

我和钟圆约在我第一次编造失恋故事的自助餐厅。我的故事从这个餐厅开始，奇遇餐厅，扭转了我 29 年一直维持的平淡人生。如今，它重新装修营业，选择它作为结束也算有意义。

10

钟圆如期而至，面色黯然，略有躲闪，眼镜背后的表情我理解为：尴尬。

"到底怎么了，为什么这么尴尬，发现我是个酒鬼，还是不小心看到了我内裤的颜色？"我试图打趣，却发现自己很委屈，到底怎么了，钟圆？为什么要给我希望，然后又突然撤离？我突然想起了小灿的故事。

那个故事曾经让我难受了好久，没想到风水轮流转，我竟然也遇到了跟她差不多的故事。现世报，真倒霉！难怪当初听她的故事，我会有感同身受的痛彻感，原来是预感到不久的将来，我也会有类似的经历。

沉默了大概半个小时后，我和钟圆已经吃空大概十几个盘子，再也吃不下半点。想必钟圆也懂得拿美食来掩饰慌张。可是，做决定的是他不是我，为什么他要慌张呢？

我吃饱之后，沮丧的情绪消退了一半，是时候该知道真相，迎接结局了。

钟圆终于在我的逼问下，说出了真相。

原来那天我喝多了酒，确实喝得太多，烂醉如泥，影响了情绪和智商，彻底打乱了我的正常秩序——一个讨厌秩序的人，终究还是被秩序给玩了——现世报。

乱了秩序的我又哭又笑，告诉钟圆我现在有多寂寞，告诉他我有多失败，告诉他我多么想谈恋爱，更可怕的是，我把自己编故事的事一五一十，原原本本告诉了他。当然，最可怕的并不是这些过分的自我表白，而是，我哭累了，说累了，抱着钟圆呜呜地说："R，你为什么要离开我？"

我真该封自己为英雄，天底下还有比我更蠢的人吗？恐怕不可能有。

钟圆显然是像吐出了梗在喉咙里多时的一根鱼刺般松弛了一下，他说："虽然我不了解你，但是到底哪个你才是真实的你？"

我几乎想找个地缝钻进去，扒皮不算，还要撕开问问血腥味是否新鲜。

苍天，我的人生阴暗面，我的猥琐，我的分裂，我的丑陋，竟然全盘托给了我认为可以恋爱的人。

别说钟圆接受不了这样疯癫、神经、莫名其妙的女人，连我自己都接受不了。

人一旦被揭皮，惨不忍睹，不忍面对，所以那么多人在被揭穿真相后，暴跳如雷，甚至起了杀念。要面对自己的恶心，太残忍。

我精心营造了一个得意扬扬的理想世界，又得意扬扬地把一切告诉了钟圆，然后又得意扬扬地揭开真相。

此刻，我只能落荒而逃。

钟圆跟在后面说："那个 R，你们为什么分手的？"

我没有回答他。我想，我真实与否并不重要，R，这个莫名其妙失踪，又莫名其妙冒出来干扰我新恋情的阴魂不散的混蛋……你到底在哪里？

钟圆，再见。

11

讲完了这个故事，林也似乎一点都没有得到曲终人散、尘埃落定的安稳。

她更加急迫地追问："就这么完了？"

我说："是的，就这么完了。"

她说："怎么可能？澄清误会啊！说清楚怎么回事啊，就算之前都是假的，但是你对他是真的啊！"

我问："你怎么知道这次是真的？"

林也愣了："难道……"

我的眼眶有点湿润，说："你的故事，我的故事，任何人的故事，谁敢说都是真实的呢？真实与否有什么重要呢？编个故事大家一起开心一下，生活太无聊了，不是吗？"

我走出餐厅，迎面吹来一阵风，我感觉自己好像一只蝉，被淘气的小女孩掰断了翅膀，陡然掉下树去。仓皇，凄凉，无助，痛苦，又无能为力。

我想送钟圆一个故事，一个从头到尾都真实的故事，可是，在虚虚实实的人生中，看到的，听到的，到底哪些是完全真实，哪些是完全虚假，哪些又是虚实参半呢？

这世界存在绝对的自由、绝对的无序、绝对的真实吗？我不知道。就像九年前 R 决定跟我分手的时候说的那句话："好好照顾自己。"然后，他就不见了。

心

动

NO. 0 2

　　"你上一次心动是什么时候？"童娇问出这句话的时候，安蓝愣了一下，随即呵呵笑了一下，接着又思索了半天，最后叹了口气。

　　童娇说："好久都没有过了吧？"

　　"我都结婚三年了，还要什么心动。"

　　"不一样啊，结婚了也可以有心动，心动并不是一个时间段的事情，也不是任何世俗可以框定的行为。比如说你结婚三年了，三年中，你一次都没有为先生心动过吗？"

　　安蓝认真地思考了一下，说："好像没有过，但是，都结婚了呀。"

　　"这就是打死我都不会结婚的理由。"

　　"为什么？"

　　"一旦进入婚姻，就像进入僵尸世界，大家都习惯性地接受了互变僵尸的现实……这多么可怕。"

安蓝反驳说："也不是啊，婚姻就是安全，两个人变成亲人了，像爸爸妈妈，永远不会担心对方会离开。"

"你真的这样乐观吗？分手，离婚，还不是一眨眼的事，哪有什么关系是安全的？"

童娇随便几句话，就把安蓝整整一个下午的好心情都破坏掉了。

想想也确实有些可怕，结婚已经三年了，这三年怎么过来的？有些懵懂，似乎混着混着就过来了。婚姻和大部分人描述的差不多，从恋爱关系到婚姻关系，还是相同的两个人，还是相同的相处模式，但注册完毕，一旦关系确定后，所有的感情就似乎落下了帷幕，落入了尘土，取之而来的就是复制般的平淡生活了。

先生是个上班族，朝九晚五，每个月都有几次出差，薪水中等，偶尔还有一些灰色收入，日子总算过得去。安蓝的工作很简单，帮几个新公司做财务报表，不需要坐班，只需要在固定的时间跑跑税务、填填表格。

和先生基本没什么话说，早餐他看报纸，她看 iPad，二人匆忙吃完后互相道别，甚至都没看对方一眼。恋爱的时候分分钟都不愿意把眼睛从对方身上转移开的那些热情到底去了哪里呢？约会完回家后都还要在视频里腻歪上半小时的激情去了哪里呢？为什么感情只要走入婚姻，都免不了平淡的套路呢？

上一次心动？和先生的结合不能算心动，只是条件匹配，像黄瓜遇到了丝瓜，二人的综合情况结合在一起很匹配，心中还有一些窃喜，还好在不那么尴尬的年纪遇到了适合的结婚对象，比起大部分焦虑感满满的人，她觉得自己幸运，只是，"心动"这件事，她已经好久没有想过了。

心动当然是绝佳的体验，在某个意外时刻，意外遇到一个人，整个人都被牵动，被动到崩溃，无法自持，那是年轻时候才会有的感觉吗？还有多少中年人可以体会这种震慑灵魂的触动呢？才刚刚30岁，怎么就使劲往中年人堆里钻了。童娇比自己大两岁，却从没听她抱怨过年龄，也许她才是真正活得潇洒的人，忘记年龄，没有危机感，还能思考人生。

恋爱一年半，结婚三年，安蓝几乎没有了朋友，除了童娇。

周围其他人都像奔赴战场的战士，A在磨刀霍霍，到处相亲；B在上各种补习班，打算创业；C在两个男人中无法抉择，每个都不是理想的结婚对象；D已经有了宝宝，每天晒丑孩子，不管吃饭还是大便。大家都在轰轰烈烈地为自己的人生做着各种安排，大家羡慕安蓝有了一个安定的家庭和一个较为体面的丈夫，这几乎已经是朋友圈里的人生赢家了，除了"心动"这件事，似乎一切尚可，她也就随着大家的赞美对自己的际遇比较满意。

可是，心动呢？

原本计划和童娇喝完咖啡，逛逛街，吃点晚餐再回家的，因为童娇的几句话，安蓝的情绪低落到没兴趣了。她打算提前结束这次闺蜜约会，礼貌性地逛逛街，就回家去了。

先生不在家，其实早回去也没什么乐趣，无非就是看看美剧，刷刷朋友圈，洗洗衣服，一天就这样过去。她开始怀念"心动"的感受了。

"你现在有心动的感觉吗？"安蓝鼓起勇气，问童娇。童娇说："当然了，随时随地。"

"随时随地？"安蓝觉得不可思议，"遇到喜欢的人那么容易吗？"

"未必需要喜欢，心动没有那么多界定的。"

"嗯……那什么样的人会令你心动呢？"

童娇随手指了一个路人："你看，那个男人，领口洁白，要么是有一个贤惠的恋人，要么自身是一个对生活有要求的人，这样的人，是会让人心动的。"

安蓝顺着童娇的手指去注意"领口洁白"的男士，却只看到不息的人流，哪有什么对生活有要求的男人？或许，自己自从退出情场，连对异性的感受力都钝了？

"安蓝，你这样的人是会得到幸福的。"

"我这样的人？我是什么样的人呢？"

"连背叛的念头都不会有，安分守己地过日子的人。"

"这……"

"得到什么就会失去什么。"

"你失去了什么呢？"

童娇想了想说："我失去的是那种安全和安定感吧？不过我也不在乎。"

"你从没想过结婚吗？"

"我没有想过结婚，也没想过不结婚，这件事对我来说似乎不太重要。比如，我遇到一个心动的男人，这心动又是可以持久的，让人不生厌的，而对方也有这样的感受，那么就可以结婚，如果不，为什么要结婚呢？"

"你不害怕孤独吗？"

"孤独是自由，自由多可贵呢？"

"我可能不行，我太害怕孤独了，我从小就不喜欢一个人待着，哪怕有个聋哑人在我身边待着，也比自己一个人好。"

"是的，所以我说，你得到安定，也许这就是幸福。"

整个下午，童娇和安蓝没有再谈论这话题。她们在城市最繁华的街道闲逛，走进一间间品牌店，试穿衣服，试用香水，试背新款包包。童娇始终保持着对生活的热情，乐此不疲，安蓝却始终难以集中精力。

她在思考三件事：心动，中年人，对异性的感受力迟钝。

记得以前童娇说过一句话：无论何时何地，都应该保持对异性的吸引力，这样的人生才是完整的，而不仅仅是某个人的妻子，某个人的女朋友，某个人的妈妈，甚至是某个人的面目模糊的家人。女人，应该首先是女人，其次才是其他的角色，不是吗？

童娇说得很对，如今的安蓝，过着世俗的幸福生活，却逐渐退出了"女人"的舞台，在妻子、家人、面目模糊的中年人的舞台上翩翩起舞，可是这个舞台真的好无趣，好无味，好无聊。

　　现在走在大街上，不会有异性对她投来关注的目光。虽然她在出门之前还精心打扮了一番，可镜子里的她怎么看都像主妇品味，发型不再时髦，发色也很难看，一半发黄，一半浓黑，青黄不接也没来得及去修补，鞋子比较贵却不时尚，典型的直男审美——这是去年她生日的时候，先生给她买的礼物。他强调质感，却忽略设计，谁会喜欢这样一双笨如老牛，据说一辈子都不会坏掉的货呢？越看越蠢笨，套在脚上简直像一副粗笨的镣铐！安蓝在镜子里看到这双鞋的侧影时，产生了一种难以抑制的厌烦，她当场脱掉了鞋子，打算买一双新的。

　　好久都没有买衣服，买鞋子，化妆品还是刚结婚的时候囤的，经历这么久的时间，质地已经不怎么样，湿粉在脸上也不够均匀，口红也不够滋润，色号土得要死，嘴唇像干裂的石膏，果真面目可憎，哪里还会有异性把她当作"心动"对象，完全是一个欧巴桑了！安蓝难过得不行，为什么三年的时间，她竟然完完全全地丢掉了自己，腰间却多了几圈肥肉呢？

　　要改变，是的，她并不老，30岁，很多人还没有结婚，样子看上去也还可以骗骗直男，为什么要放弃自己？

　　很多话可以自己消化，却不好意思对别人讲，比如说眼前的童娇。安蓝注意了一下，也许因为她没有结婚，没有进入僵尸坟墓，也许因为她还需要时刻保持魅力去吸引眼球，她的身材保持得很好，头发梳得很整齐，妆容精致，高跟鞋很美，浑身上下没有赘肉，走路袅袅婷婷，还有暗香浮动，这才是女人该有的姿态，看看自己，已经不配叫作"女人"。

　　"童娇，你帮我看看，哪个色号适合我？"虽然很不情愿暴露自己的软弱，但安蓝确实有些局促不安，她需要迅速地找到解救之路，可能还需要童娇的帮助，反正，就算丢脸，也只在她一个人面前丢脸，总好过在大家面前丢脸。想想这三年，她也在朋友圈发过一些照片，竟然没有一个男士在底下点赞留言过，倒是有一些女人，不疼不痒地说一些祝福的话，什么"幸福的女人"之类。很明显，已经没有人去关注她的外表，或者说她的外表实在没有可圈可点之处，但对一个女人来说，外表才是最重要的呀！

　　童娇并没有嘲笑安蓝的意思，至少表面上没有表露出来，这已经是仁慈。她很认真地帮安蓝挑选了几个颜色的口红，还帮她试色，效果不错，安蓝瞬间把这几支都收入囊中。

　　"童娇，你跟我说心里话，我现在是不是很糟糕？"

　　"哪方面？"

　　"各个方面。"

　　"哪有，你多舒适，先生爱你，日子很安稳，大家都很羡慕你呢！"

　　"我说的不是这些，我说的是，比如，我现在是不是很土？"

童娇有些惊讶，随即上下打量了她一下，露出不可捉摸的神秘表情。

　　果然，如果不是安蓝提醒，连好朋友都不会关注自己的外表了。

　　"你怎么忽然这样问？"

　　安蓝说："我好像意识到结婚后我很少再注意自己的外表了。"

　　"不都是这样吗？结婚后大家就会更关注家庭、孩子、老公。"

　　"可是你说过，不论何时何地，都要保持魅力，保持女性的吸引力。"

　　"我说过吗？"

　　"你说过，我记得。"

　　"你别介意，我有时候也是随口说说，未必走心的。"

　　"不，我觉得你说得很对，不管恋爱也好，结婚也好，女人都应该保持美好，这点没错。"

　　"你没有那么差劲。"

　　"如果你是男人，你会被我吸引吗？讲真话。"一旦豁了出去，安蓝的勇气大到不可思议。

　　童娇说："我不是男人，这个问题我无法回答。"

　　"这就是答案了。"

　　"答案？"

　　"如果我是男人，我在街上看到你和我一起逛街，我一定会喜欢你，而不是我。"

"但你不是男人，这也只是你的构思。"

"是这样的，我还是很清醒的，我觉得这几年，我好像失去了很多。"

"做个实验如何？"童娇忽然兴致勃勃地说。

"实验？"

"对，你看街角的那个男人，他刚才一直跟踪我们。"

"哪个？"

"就是街角低头看手机的那个，你都没注意吗？他从我们喝咖啡开始，就一直跟踪我们，我一开始以为是巧合，但一路逛下来，他一直在，这就不是巧合了。"

"你是说？他是跟踪者？"

"对，他被我们吸引了。"

"可能只是被你吸引了，我是一个陪衬物。"

"这是你的看法，我保持二分之一的自信。"

"不，他百分之百被你吸引了，这男的也就 27 岁左右，你看他脸上还带着一种羞怯感。"

"你说得很对，这应该是一个没有多少世俗经验的男人，他跟踪我们，但不敢上前搭讪，一直跟着，一直假装看手机。刚才我在咖啡店看到他的时候，他试图假装自拍来解围，但是我看得出来，他就是一个害羞的大男孩。"

顺着童娇的解析，安蓝明目张胆地看过去，一个 27 岁上下的男人，褪去了幼稚和张狂的青涩，又还没有圆滑和狡黠的油腻，是最好的年纪。

头发像披头士那种复古摇滚青年，遮住了大半边脸，能看到脸颊瘦长苍白，是安蓝少女时代心仪的那种惶惶然满心不安的少年。瘦削，机敏，却还保持着内心的那种纯真——面带羞涩感的男人一定是保持着内心纯真，成年男子基本不会再有害羞感，那种感觉属于少年。

安南忍不住多看了几眼，羞涩少年也似乎发现了两个小姐姐的注意，他很慌乱，试图躲进人群里，又似乎并不甘心，眼神不断注视过来。

他到底是在看谁？安蓝虽然直觉判断他会被童娇吸引，内心却也有小小盼望，万一他对自己有好感呢？显然不可能，谁会对一个结婚三年发色不好看的中年妇女有好感呢？又不是瞎！但想想总可以吧？这也是变化的动力，并且，在这些内心的判断中，安蓝忽然感觉到了一种久违的感受——心动。

这个词真是太玄妙了，果然是心动。此刻的心脏在怦怦跳动，毫无规律，也不可控制，随之而来的，是少女才会有的娇羞，起初涉世的紧张感，对未知人生的好奇和期待，这些自己丢失的东西，竟忽然就被找回来了。

"要不要做个试验？"童娇再次提醒安蓝。

"什么实验？"

"前面是一个丁字路口，我俩假装道别，你向西走，我向东走。"

"为什么？"

"你就可以得到你想知道的答案。"

太刺激。想知道又不想知道。害怕落空，却也非常希望奇迹出现。

但是不管结果是什么，安蓝都已经下了决心，她必须要改变，要找到自己，要找回自我，要重新审视人生，要重新拥有吸引力——这并不代表她要出轨，但她需要有更多的自己，让自己看见。

丁字路口，两个女人就此分别。

害羞男孩显然是看到了这一幕，他很吃惊地左右摇摆着脑袋——这一幕同时被童娇和安蓝看到，三个人各怀心事，两个女人各奔东西。

一直走了好久好久，好久好久，安蓝一直不敢回过头看。其实也不必回头看，她不会等到奇迹的，她还没有改变，复古男孩当街迷上的肯定不是黯然的欧巴桑，一定会是无龄感时髦的小姐姐。对他来说，这样的小姐姐神秘又丰富，还保持着性感的美艳，是年轻女孩没有的魅力。这么想着，安蓝一脚踢开一颗小石子，叹口气，站住了。

这条街很僻静，商店也没有几个，换了双鞋子后，走路没那么随意了。先生买的丑驴一样结实的鞋子确实适合走路，跟美感有仇的东西都耐用，她有点后悔不该一时任性，让自己行走如此艰难。

想找个没人看到的地方偷偷把丑鞋子换下来，前后张望，忽然心跳若狂。她看到了那个复古羞涩青年！

这一定不是真的。

在她看到他的同时，他也看到了她，跟刚才不太一样的是，他并没有立刻躲闪，而是比较随意地，双手抄在口袋里，慢悠悠地闲逛着。

安蓝不能呼吸了。

这个实验真是妙，他选择的是她而不是十拿九稳的童娇？他瞎了吗？还是他有什么奇特审美？之前看过一个新闻，说有些人专门喜欢中年妇女，体态越臃肿的越好——难道她遇到了一个奇特审美的马路求爱者？

也不用这样贬低自己才能相信奇迹吧？或许，自己没有看上去那么糟糕？或者他被她其他的特征吸引？例如家常的亲切感，像个邻家姐姐，不是也有很多男生中意这样的感觉吗？童娇是很美，可毕竟有距离，安蓝审视自己，唯一的可能性就是这样了。

可是，不管怎么说，突如其来的狂喜掩盖了一切。爱情真是灵丹妙药，它可以瞬间给女人自信，比一切化妆品都有效，且宛如强力春药，让安蓝"心动"的感觉升级为"爱"。

久旱逢甘霖，安蓝太久不记得喜欢一个人是什么感受了，先生的安稳并没有给她带来情感上的满足，跟眼前这一份突如其来的爱情相比，安稳算是什么玩意儿？也只是庸俗生活的极佳借口罢了。"爱情"让安蓝头晕脑涨，瞬间唤醒了她体内所有的死沉细胞，甚至通向身体最隐秘处，一股暖流从头至脚汹涌而来。她浑身动弹不得，盼着眼前这个年轻人勇敢上前来，带她去私奔。

此时此刻，不管对方带她去哪里，她都会答应。什么婚姻，什么男人，什么生活，统统不再重要。此刻，只要他肯，她就敢走。

当然，复古青年绝对没有安蓝想象中的那么大胆，虽然他已经没有了刚才那股失措和羞涩，但他始终保持着一个粉丝该有的距离和分寸，不紧不慢，在她身后，有多少遐思在这微妙的距离中展开呢？不知道。想想就兴奋，为什么人人向往爱情，却人人放弃真爱纷纷走向无趣婚姻？都是被洗脑的可怜虫，还好她觉醒了，30岁，不算晚，刚好是一个人心智成熟可以独立思考和有实力选择人生的年纪。还好，她应该感谢先生的出差，感谢好朋友童娇的提醒，感谢这一次魅力测试，感谢现在自己得到的一切。

她生怕他跑了。

这真是一种不可描述的感觉，她保持着不敢相信的得意，又小心翼翼地控制自己的步伐。不能太快，跟丢了怎么办？也不能太慢，让他发现自己的心事怎么办？要保持一个优雅和假装无辜的松弛感，尽管她的身体已经紧绷成炸弹了。要保持优雅，lady。

走走停停，她忘记了脚疼，手里提着的旧鞋子就像她刚刚意识到的丑陋婚姻一样让她嫌弃，还以一种万年不败的姿态昂扬着，脚下这双鞋，虽然磨脚，可是给了她优雅的高度和形态。美丽是要付出代价的，谁要牢固的丑陋？就这样想象着，前面走来了一个乞丐，一个老年女人，伸着手哆哆嗦嗦地索取着什么，有些心不在焉的样子，那是对于生活已经没有了任何渴望的人才有的心不在焉。安蓝忽然福至心灵，一下子把手里的鞋子送给了老太太，老太太显然没想到，接过鞋子就开始坐在路边来回摩挲，确实是一张好皮做的，虽然样子比较普通，优点是牢固，稳固不败，万年常青，老太太像捡到宝一样抱着鞋子走了，生怕安蓝后悔。

扔掉了旧鞋子的安蓝如释重负，轻松自在，回头一看，糟糕，复古青年不见了。

这个发现令安蓝如坠深渊，他不见了？他是发现跟错人了？还是他跟了一会觉得她没有什么特别魅力索性放弃了？还是他看到了她扔掉的鞋子，居然那么丑？难道是半途而废？年轻人有几个可以靠得住，就这样放弃了？等等啊，为什么这样放弃了？

安蓝站在街上，悲从中来，从心动到心碎，原来就是一眼看不到他的距离，为什么走了？他意识到她是个有妇之夫，瞬间回头是岸了？还是……安蓝站在原地胡思乱想，一个学生样子的人提着一袋糖在她面前停下。

"阿姨，请尝尝我们的糖。"

阿姨？！安蓝惊吓地看着面前的学生，至少17岁的样子，17岁的学生已经毫不怀疑地喊自己阿姨了？天啊，刚才还在做白日梦，以为27岁的男人会喜欢自己，原来自己只是一个不识时务的花痴，看不清现状心存侥幸的阿姨！

"阿姨，您尝尝吧，这是免费的，如果您觉得好吃，可以扫这个码在网上购买！"学生说完，把一袋糖放在安蓝手上，就走了。

然而，一袋糖给了她一个真相。30岁的已婚女人，别人眼中的阿姨，是没有资格享受"爱情"的，心动都不行，为什么如此迷糊？竟然以为自己存在特殊的亲切感和吸引力？哈哈哈，黑色幽默。亲切感其实就是没有魅力的代称，和可爱、贤惠、舒服一样，都是对不美丽女性的仁慈之举，怕就怕女人不自知，活成别人眼中的笑话。

安蓝走不动了。靠着刚才一点假象支撑起来的活力瞬间被释放掉，她没力气了。

脚一定肿了，否则不会这么疼，新鞋子美则美，但对脚太残忍。美丽需要代价，但是自己未必负担得起。

伸手拦了一辆出租车，安蓝像魂灵一样仰坐在后座。在司机的后视镜里，她看到了自己一张蜡黄无趣的脸，有一些色斑，眼角也爬了一些细纹，很快这张脸将会像自己厌烦的任何一张中年妇女的脸，充满了被生活践踏后的痕迹。皱纹越来越多，皮肤越来越松，眼袋、法令纹，都会来做客且再也不走了。安蓝捂住脸，觉得自己有些过分了，这样的一个女人，有人愿意娶，肯对着她看一辈子，难道不该奖赏，不该感恩吗？她得回去好好地给先生打个电话，表达一下感恩之情。当然，发生了什么他永远不会知道，他很简单，也爱家庭，给她安全感，虽然会买丑陋的鞋子，却也朴实可爱，这不就够了？

30岁，不再是20岁的拥有全世界的宠儿，也不是可以自由任性的年纪，一转眼，就是40岁、50岁，除了广场和菜市场，再也没有她的舞台，全身而退养儿育女，跟生活妥协，这才是人间正途吧？或许。

安蓝哭了，准确地说，她是掉眼泪了，本来不想让别人看到自己的狼狈，却还是没忍住，大颗大颗的眼泪掉下来。她忍住呼吸，司机却看到了她的失态，递来了一张纸巾，还礼貌地说，有什么事想开一些吧。

想开一些？很多事情没有办法想开，不管如何都是悲剧，她被生活抛弃了，她貌似有了归属，却完全被抛弃。她忠诚？她只能忠诚，她还能有选择吗？多么大的讽刺，哭吧，为自己哭，为还没活明白就看到了绝望而哭，为越来越无趣的生活而哭，为她任性地丢掉一双丑鞋而哭，为17岁的少年尊称她为阿姨的现实而哭……

这一路似乎很长，其实只有十几分钟的车程。到达小区的时候，安蓝垂头丧气地下车，司机提醒她别忘了拿东西，她才把座位上那一袋糖带上。这糖的意义很大，像魔幻世界的清醒咒语，一下子就让她看清楚了自己的荒诞，她更低了，之前她只是迟钝，如今，此刻，她低进淤泥。

呼吸困难。

她歪歪扭扭地向小区内走去，鞋子把脚磨得无法行走，脚上的疼痛使她不得不一步一停，几乎是慢慢地向前挪。突然，她看到前面有个身材瘦长、头发贴着脸的男人出现，怎么回事？这不是那个复古青年吗？他怎么会出现在自己住的小区？难道，他没有消失，没有走，没有半途而废，没有嫌弃她，没有放弃她？

她的勇气又来了，真是妙不可言的感受，一起一落，一生一死，恍恍惚惚，疯疯癫癫。天！她得打电话给童娇，告诉她这一切，但是现在打电话合适吗？童娇一定很失落，如果她知道复古青年跟踪的对象不是自己。她适合这样炫耀吗？不不不，不要打电话，不要惹人厌烦，悄悄享受这美好就好了。

他为什么不敢上前来说句话呢？是等待她先开口吗？

不不不，她不会这样冒失，经过了刚才一路的哭泣，她冷静了很多，她不再像思春少女那么鲁莽，她明白自己的魅力，如果有的话，那也是薄弱得不堪一击，她不敢随便造次，不敢轻易使用，不能随意支配。

日子还长，如果他有心，他还会再出现，她只需要给他一些暗示就够了，感情的最好境界就是你我心动，却没说出口，一切在暗涌中升华，这是美好的、珍贵的感觉。一个少年，穿越人海跟着一个不自信的阿姨一路来到这里，仅仅这一份执着也足以令她感动了。

先生为她做过什么？没有。上一个为她做过什么的男人，她不记得了。

原来对女人来说最重要的东西不是物质，不是安全感，不是其他，而是对方为了你做出一些牺牲的感动，这些感动足以让人感恩。

短短的一个下午，她已经向两个男人表达了感恩：一个是不嫌弃她难看的先生；一个是不但不嫌弃她老，还愿意为她付出一些什么的善良青年。这真的太好了，感人至深，以至于安蓝愿意拿出生命中最珍贵的爱情去报答。

她一边想着，一边上了楼，先生忽然出现，一下子把安蓝吓一跳。先生第一眼就注意到了安蓝的鞋子。

"你怎么回来了？"安蓝有些意外。

"我不该回来吗？你去哪里了？"先生狐疑地看着装扮一新的妻子。此时的安蓝口红格外明显，鞋子也很夸张，她脸上有泪痕，头发有些凌乱，怎么看都像有问题的人。

"不是，我只是……没想到。"

"临时有一个会议，提前回来了，没看到你，你去哪里了？"

"嗯，跟朋友逛了逛街。"

"你新买的鞋子？"

"是的，好看吗？"

"有些太花哨，不适合你。"

安蓝脱掉了鞋子，换了一双拖鞋，瞬间感觉从炼狱中被搭救出来。

"你遇到什么事了？"先生追问，"怎么感觉你哭过？"

"新鞋子磨脚，很疼。"

"哦，是你朋友的主意？是童娇吗？她的审美可不怎么样，你不要跟她学坏了。"

"是我自己喜欢的。"

"你喜欢这样的鞋？为什么？这一看就不结实，而且，镶着这么多水钻，不觉得很廉价吗？"

安蓝不想跟先生说任何一句话，她很累，她想倒在床上睡一会，却又不甘心，不知道复古青年走了没，对了，她应该给他更具体的暗示，让他知道自己住在哪里。想到这里，安蓝跑到窗户前，一下子开了灯，她心急地向下面望去，啊，他还在。

此时，她多希望自己没有结过婚，没有先生，没有家庭，没有一切，像个少女一样，可以随时随地投入恋爱，随时随地享受心动，但是她没有机会了。即使她侥幸获得了青年的关注，她也没有资格去承担这个结果，她只能把一切埋在心底，默默地流着眼泪，像为自己唱挽歌。再见了，这年轻人，这爱情，这难得的心动。

先生的电话响了，他去接电话，接完电话之后忽然发现了她带了一袋糖，很开心地说："这是给我买的吗？"

"不……哦，是的。"安蓝想否认，却又不愿意麻烦，所以一口答应下来。

先生非常开心，立刻拿了一块塞到嘴里，说："真甜，有家的感觉真好，今晚我亲自下厨，给你做两个菜，你洗个澡休息一下来吃饭吧。"

先生进了厨房，很快就听到了做饭的声音。安蓝脱掉外衣，进浴室准备洗澡，突然看到先生的电话亮着提示灯，显示有未读消息。安蓝本想喊他，却被好奇心驱使，悄悄点开了他的手机，六位数的解锁密码是他们的结婚纪念日。

一条微信未读信息，她小心地点开，像做贼一样。

"今天的任务结束，请支付费用 2888 元，支付宝也可以。"

奇怪，任务？费用？安蓝顺着这条信息拉上去，看到了小区里行走的自己，再拉上去，是下出租车时擦着眼泪的自己，再向上，是路上遇到卖糖学生的自己，再上，是送旧鞋子给老乞丐的自己，接着，是丁字路口和童娇分开行走的自己，然后是逛街各种试穿购买的自己，接着是咖啡馆面对面谈起"心动"的自己。

她倒吸一口凉气，还没反应过来这是怎么回事。点开这个人的资料，她看到了这样的一行字：职业侦探所，专营婚内奸情跟踪拍摄业务，老客户一律享受折扣价 2888 元。

"亲爱的，饭菜差不多了，今晚我们好好吃一顿。"厨房里传来先生的声音，带着一种没有遭遇背叛的得意。

安蓝拉开窗帘，见复古青年已经无影无踪，完成任务的他，应该不会再来了。

一切原来是这样，好吧。

安蓝竟然没有哭，也没有难过，更没有伤心，她只是假装一切都不知道，脱掉衣服走进了浴室。

心动？真是笑话。安定？真是笑话。

我 来 到

你 的 城 市

N O . 0 3

1

　　飞机抵达桃园国际机场的时候，荣一迷了路。

　　这是她第二次来到台北。第一次是在一年前，那时候是因为工作，短短的四天之行，没有观光，也没有购物，只是在临走前一天的大雨夜，她一个人跑到淡水码头静静地待了一会，然后离开。

　　也算来过台北。

　　每次跟人提起台湾，算是有个话题，虽然没办法深入探讨，就像爱过一个人，却只是短短相逢，存在记忆中只有爱的情绪，没有足够多的爱的事件。真是遗憾。

　　关于爱情的记忆，最后是不是都会只剩下越来越不辨真伪的情绪，那些发生在彼此之间的真实的快乐或痛苦的细节，已经随着时间的推移越变越模糊，如果没有记录的习惯，恐怕不管多么轰轰烈烈的情节，也慢慢地像夕阳一样沉入海底，被吞没，渐次消失。

所以，记录是个好习惯，日记、博客，哪怕是便签，极其平淡地记录一下，哪怕只是几个关键词也好。但是很有可能连关键词也不能唤起足够圆满的记忆了。

荣一的手机里装满了各种实用型的 App，出国必需的翻译软件，订票订酒店的软件，导航地图，联络工具……还有一个专门记录生活细节的，这些年已经越来越懒，真的懒到只是记录情绪或者关键词。于是当她每次闲来无聊翻看的时候，只看到一些片段，比如说"悲愤交加"，抑或"为什么要这样折磨我……"

到底为什么悲愤交加，到底怎么折磨了自己——不记得了。记忆力在减弱，情绪的感受力却在增加，这算是悲剧吧。

就像现在，第二次来到桃园机场，一个并没有多繁杂和庞大的机场，荣一却迷了路。从免税店出来，恍恍惚惚地一直向前方走去，等意识到可能走过了路，正来回张望的时候，阿宝来了电话。

不想接。

不是不想接，而是不愿意被他知道自己迷路这件事，不想让他看到自己的狼狈，虽然他已经看过不少，但荣一还是想尽可能保持一下自己的形象啊。荣一紧张得出了一身汗，按照原路返回，走到免税店才看到原来转弯就是出口。

电话那头，阿宝的声音已经明显带着抱怨，他提前到了机场，荣一因为迷路又耽误了时间——他们总是陷入不愉快的情绪中。

荣一满头大汗地取了行李跑出去，看到阿宝，心情一下子就变好了。阿宝，亲爱的阿宝，我终于来到台北，来到你的城市。

2

　　多少次，阿宝曾经描绘过台北的美好。

　　那时候，阿宝在北京，荣一总是觉得亏欠他，因为城市不够宽容，便利店不够多，不允许机车穿行，雾霾总是若隐若现……在阿宝的描述中，台北真是天堂。荣一虽然去过台北，但是因为匆忙的行程，等同于没去过。除了工作关系参观的那些不食人间烟火的场所，她对台北的一切并不了解，所以当她听到阿宝描述台北的美好时，心里就滋生出一些抱歉。所以她想在尽可能的情况下，带他去吃去看去感受北京更多的好，可惜不管她怎么努力，阿宝始终在怀念台北。

　　一年前，阿宝从研究所毕业，在台湾和北京的两个职位中左右摇摆，最后选择了北京。这是他第一次来到北京。工作的地点在郊区，所以他看到的北京，只是他公司附近的北京，他对朋友抱怨北京的荒凉，于是记忆中的台北越发显得热闹和亲切。

　　荣一是阿宝来到北京认识的第一个人。

　　后来，荣一不断地回忆，阿宝之所以会喜欢她，到底是因为陌生城市无依无靠，还是什么其他原因？就算是这样，也没关系吧。在荣一心目中，最美好的爱情应该就是在异国他乡，偶遇一个人，然后相爱，虽然这个愿望她没有达成，可是能够有一个漂洋过海远道而来的孤独男生去完成，她配合，也算不错。

　　11月严寒的北京，荣一和阿宝瑟瑟发抖中几乎走遍了北京的所有街道。阿宝有一款记录踪迹的软件，每一条走过的街道在地图上都会被涂成白色，短短的几个月，在地图上，北京的大部分街道已经变成毛茸茸的白，看上去蔚为壮观，那是他们走过的路。荣一有点想哭。

真的好冷，零下 10 摄氏度，荣一却像充满了力量，跟在他身后，不厌其烦地跟他走。偶尔他回头冲她笑笑，她会觉得满世界开满了鲜花，如此馥郁芬芳，足够抵抗一切的饥寒交迫。

阿宝在冲她招手，荣一从寒冷的北京冬天的记忆中回过神来，迅速地投入台北的七月流火中，带着刚才迷路的汗，瞬间汗流浃背。她紧紧握住阿宝的手，眼泪一下子跑出来，她使劲倒吸了几口气，终于没有被他看到。

3

第一次看到阿宝开车。

他开车来接她，看起来心情很愉快，荣一充满兴奋和好奇地看着车窗外的台北市，如此陌生，如此熟悉，陌生在于她从来没有踏入过，熟悉在于它经常在阿宝的描绘中，它早已成型地存在于荣一的想象空间里。这次不同，这次因为有阿宝，台北显得别具意义，它是爱和希望，它接近于信仰。

阿宝兴致勃勃地给荣一介绍他的安排，带她去吃夜市，带

51

她环岛游，带她去最高的山，带她去淡水……荣一也盼着在接下来的时间里，好好地感受他的城市，好好去体会他背井离乡的苦。可是台北真的好热，热得她汗流浃背，像在桑拿房里一样，她的好心情就这样一半被汗水浇灌，一半在汗水中的欣喜里苦苦挣扎。真的太热了……如果这时候能够从天而降一个冷气房，她真的感激涕零。

还是没忍住抱怨了几句，阿宝不太高兴，说，台湾就是这样的，从头到尾地热。

不要不开心啊，不要不开心——荣一不断地在心里默念，一转而过的委屈也就像个受惊的小兽一样仓皇逃过，脚步未停。

台北也如此拥堵，像北京，总是有人抱怨北京的交通，可是全世界的大都市，不是都在塞车吗？忽然之间，她对北京一直被人诟病感到难受。荣一从小就是个容易被人误解的人，一群人犯错误，最后总是会把错误归结到她身上，荣一不愿意解释，也不屑于争辩，总被人挑剔，却习惯于沉默——这一刻，她忽然觉得北京和自己有点像。

抬头看一眼在开车的阿宝，心里又有温暖荡漾。他的侧面很好看，长长的睫毛，明晰的面部轮廓，丰富的面部小表情。每次听到万芳的《孩子气》，都会想起阿宝："西伯利亚铁路在哪里／喜马拉雅山有什么传说／地球的尽头的南北极／这些地方你都想去"——他喜欢耍宝，天真到可耻，又喜欢恶作剧，拍照的奇葩表情可以震惊宇宙，独处的时候又经常像个自闭儿童，他本身就是极其矛盾和复杂的组合吧，不知道是他的哪一面吸引了荣一，当她愿意跟他在冰天雪地里暴走街头冻得浑身麻木的时候，她已经深深沦陷。

车停在一个狭窄的街道，阿宝说："到了。"

到了。

荣一恍惚地定了定神，下了车，一阵无法形容的强力热流扑面而来，荣一无力招架，感觉浑身已如泥浆，只虚弱无力地问了句："这是哪里？"

4

"这是我家。"阿宝说。

荣一吓了一跳，她没有想过要去他家，她并没有足够的准备，虽然知道来到台北，可能要去他家里做客，拜访一下他的父母、亲人以及朋友，但是直接就到他家里，却是有些猝不及防。她太狼狈，被汗水浸泡的焦虑人，总是没有自信的，或者希望能够更体面一点，可是没有足够的时间。

跟阿宝商量，要不要先住酒店，阿宝黑着脸说，都已经跟父母说了，不去不行。于是，硬着头皮，难堪无比，她还是跟他上了楼，看到他的父母，友善的爸爸，略带严肃的妈妈。打招呼后，荣一坐在那里，阿宝去放行李，她一个人坐在那里，手脚都不知道该往哪里放。阿宝的好看来自父母，父亲如今看上去还很精神和帅气，妈妈年轻时候应该是个美女，像琼瑶小说里走出来的少女，现在虽然被风霜刻上了一些痕迹，仍旧可以透过五官看出当年的美好。荣一又开始觉得抱歉，是为自己不够好看而抱歉吗？不知道。

阿宝的父亲用不太标准的国语问她一些北京的事情，荣一生怕说错又听漏，两个人对话很生硬，他妈妈一直在低头玩手机游戏。一时间，局促感蔓延整个房间。

阿宝的妈妈安排荣一住在阿宝的房间，安顿好后，阿宝拿了两个安全帽，要骑机车载她去夜市，终于算是不用再面对他父母了！荣一带上安全帽，更闷热的感觉席卷而来。

阿宝曾经很多次提到他喜欢机车，又感慨北京很少人骑车，觉得非常遗憾，他最大的理想就是骑着机车畅游北京，这基本是个梦。台北真的是有很多人在骑车，男的女的，老的少的，穿行在大街小巷，大家都戴着安全帽。阿宝说如果看到哪个人没戴安全帽可以拍下来，因为基本不可能。

阿宝骑车的时候，荣一充满恐惧，总害怕会摔倒，所以不自觉地抓紧他的背后，还时不时地尖叫。阿宝让她不要焦虑，说自己是飙车小王子，她这样的表现会让他绝望的。

台北的夜市，熙熙攘攘，水果饮料，各种小吃，冒着油腻腻的热气，行人拥挤，川流不息。虽然荣一很想坐下来吃一碗臭豆腐，可是天气真的太热，热得她完全没有进食的胃口。阿宝不断询问她想吃什么，其实对荣一来说吃什么根本不重要，重要的是，此刻，不管在哪里，都能够跟他在一起。

<u>5</u>

在阿宝家门口不远处有一个小公园，面积不大，对荣一来说却很熟悉，因为阿宝经常会坐在这个小公园发呆、喝啤酒或者打电话给她。

有时候他们会聊很久，她想象那到底是个什么样的公园，有一些儿童彩色游乐设施、秋千和木马，还有供路人休息的长椅，没有人跳广场舞，却总有人坐在那里发呆，多少心事化成尘埃，都是伤心人。

他的伤心，都跟她有关吗？她的却都跟他有关。

去年在北京，多少次阿宝和荣一站在冰天雪地里沉默，他们之间总有问题，是个性问题，是观念问题，是价值观问题，还是别的什么问题？说不清楚，归根结底，也许是因为阿宝总在怀念台湾，不管荣一多努力，他并不领情，他甚至脱口而出："我不喜欢北京，仅仅因为你，你是我留在北京的唯一理由。"

最后，这个唯一理由也已经支持不住，他还是走了。

阿宝离开并没有提前告知她，甚至在离开之前他们还去 K 歌。他那天很开心，完全没有任何离别的愁绪，他们吃了烤鸭，在 KTV 里放声大唱，阿宝还鬼马地反串，一切的一切都没有预告。飞回台北后，阿宝就消失了。

也不是消失，就是若隐若现，仿佛敷衍，又似乎是应付。荣一的脾气很坏，几次三番下来，终于按捺不住，提出分手，然后阿宝就心安理得地正式消失了。

就是这样分手了吗？如此莫名其妙，如此轻而易举，如此简单明了。他受够了北京，受够了荣一，他离开，不再回来。

过年的时候，荣一拔了智齿，不幸发炎，又面临分手，双重打击下，她病倒在床，整整躺了一个礼拜。那个礼拜，她觉得自己活不下去了。到底是为什么，为了要跟她分手，他连工作都不要了。她感觉自己像被团成一团丢弃掉的垃圾，又像一份被嫌弃的馊掉的盒饭，她的感情，她的心意，只值得被这样处置吗？他回到了他心满意足的台北，是不是找到了自己想要的生活？

荣一悲愤交加，跑去意大利和法国旅行，一去就是一个月。本以为看到蒙娜丽莎的眼泪和神秘的佛罗伦萨就可以治疗内心的创伤，可惜心情不好，在哪里都一样，一直到她浑身疲惫地回到北京，她受的伤害没有因此减轻，反而更加难受。

分手的三个月，她一直在哭，他现在在哪里，过着什么样的生活。台北，台北，台北在荣一这里变得如此复杂，到底还是有恨意。

他离开后，北京忽然变得萧条起来，已经送走了冬天，却寒意森然。荣一像僵尸一样行走在她熟悉的城市，却因为阿宝的离开被抽骨剥髓，状若空壳。那段时间，她极其脆弱，走路的时候会忽然停下来，心口极痛，忽然泪流满面。

到底还是有恨意。

<u>6</u>

歌词里提到过的台湾的地名，荣一都记得，不管是罗大佑低沉又神经的吟唱"今夜我不想睡／台北红玫瑰……"还是林志炫高亢宣言般地唱着"一个人走在傍晚七点的台北 city……"在夜市逛完，阿宝带着荣一去夜游台北市。他们搭车到了台北车站，阿宝说这里曾经是台北最繁华的地方，现在变成东区。台北车站荣一也是知道的，有一个老闽南语歌手林强曾经在这里拍过 MV，奇怪的发型，变形的舞步，他神经兮兮地唱着"台北不是我的家"，唱出了此刻荣一的感同身受。东区荣一也知道，"八三天"组合带着叛逆的欠揍的表情喊着"东区东区……"如今，所有的地名都出现在荣一的面前，包括台北车站。

台北车站人不算多，也许她习惯了北京永远的人来人往，人潮如织，看到稀疏的人流，总觉得不太适应。台北车站的正对面是秋叶源，在秋叶源后面的那条街上，他们吃了火锅。台北的火锅量少，味道淡，淡到荣一想起上个月在韩国，她的味觉神经几乎被没味道的韩餐给破坏掉，就像爱情的神经被阿宝无情的离去破坏掉一样，哭泣的废墟，飘扬着无奈的虚无。

在北京，她带他吃过无数火锅，老北京式的铜锅涮肉，澳门的豆捞火锅，四川的麻辣火锅……应有尽有，味道各异，他吃得很香，却总没给太多好评。其实台北的火锅，最有名的鼎王也不过如此，他到底是对故乡难以客观地评断，还是他只是在北京无所适从，故意用攻击作为武器来掩盖自己的渺小？

荣一回头看此刻面前的他，满脸的舒适，也许他真的适应不了出生地之外的世界。

哪怕有她。

7

在夜色里暴走城市，从市政厅到仁爱路，想起一首老歌叫《给我一段仁爱路》，台北的夜晚灯火通明，不断有小恋人经过，用软软的台湾腔调打情骂俏。如果不是因为她，此刻的阿宝可能也是中间一员吧？和某个讲着软语的女生在他们的城市里惬意地生活，没有牵挂，没有取舍，没有诀别，没有纠结，为什么这场爱情从开始到现在会是如此的难受？

五月，一通电话从凌晨讲到天亮，这是他们分手后第一次联络，三个月，不知道怎么积攒了那么多的话，好像忘记了他当初怎么无情地离开，再也不回来。六月，在她的极力要求下，他终于飞回北京，他们久别重逢，两个人都哭得像个傻子，然后重归于好，却面临了更大的问题——之前他是在北京工作，尚有容身之地，分手的时候他决心不再回来，索性辞掉工作万事做绝，谁也没有想到他们的缘分竟然隔山漫海没有结束，如今该怎么办？

他离不开台北，可是她的生活在北京，一段感情结束了又重燃，所有的问题都显得敏感又脆弱，却直击人心。他飞回来又飞回去，不断改变主意又始终对她重新承诺，这样的痛苦比直接离开更加可怕，就像在做温柔的凌迟，每一刀都扎着她的神经，不停手，不结束，可是他们的未来到底在哪里？

他们在暴走。在北京的时候，他们也经常暴走，从鼓楼走到什刹海，第一次见面他们就走了一个多小时，一边走一边喝啤酒，在烟袋斜街的小酒吧买醉，走出酒吧的时候天已微亮，他们就站在等出租车的萧瑟风中相拥热吻，爱情的开始总是美好，却为什么走向伤感？

他们在暴走，在台北的夜里暴走，从南京路走到杭州路，看到了著名的帝宝和无数的富人住宅区。阿宝发誓要在士林官邸买一套房子，荣一没反驳也没纠正，有梦想总是好的，可是梦想需要强大的动力和艰苦的坚持，以他对感情的态度和轻而易举就可以结束掉一切的性格，荣一觉得没希望。

浑身的黏腻已经习惯，凌晨的空气里还是有桑拿的味道，街上有人在示威，有人在发呆，有人在行走，有人在喝酒，有人像荣一一样伤心欲绝吗？

虽然感情已经复合，可是内心的伤痕像一个时刻会起义的小兵，总有一种剑拔弩张、一触即发的感觉。

到底还是有恨意。

8

阿宝当时极力邀请荣一来的用意很简单，他希望她更多地了解台湾，了解台北，了解他生活的细节，两个人可以更好地相处，可惜这个用意在第三天就露出了破绽。

跟着阿宝全家去自驾环岛游，从花莲到屏东，暴晒到几乎昏厥，加上水土不服，荣一终于病倒，嗓子像燃烧了一样，整个人昏昏沉沉。阿宝的家族是五代台湾土著，全家讲闽南语，偶尔因为迁就荣一才会说几句国语，所以一路上荣一完全像进入一个陌生的世界，她听不懂别人在说什么，他们说话时她只能借助手机缓解尴尬。阿宝对此很不满意，在私下无人的时候，他质问荣一为什么一直在玩手机，为什么不能尝试跟他的家人交流？

为了弥补自己的"过失"，在喝茶的时候，荣一主动跟大家谈话，其实也没什么话题，只好拿大陆人和台湾人不同的生活习惯说起。这个话题看起来很有共鸣，阿宝的母亲开始讲一个关于大陆旅行团到台湾竟然只吃香蕉皮的笑话，大家哄堂大笑，荣一也跟着笑，可是她笑得很难过，她一定要贬损自己才能够获得别人的认可吗？这样的融入有意义吗？

六月份在北京，阿宝也是住在荣一的家里，因为酒店太贵，也不方便，荣一硬着头皮跟父母谈判。阿宝在荣一家里住的那几个礼拜，天天倒头睡到下午，醒来吃饭，有时候吃一半剩下，一边吃饭还一边玩手机游戏。荣一不舍得怪他，只是什么都默默扛下来，她又有足够的理由心疼他，不忍心让任何人责难他，可是为什么在他看来，她必须要按照他的心意去做呢？

在来台湾之前的一个星期，阿宝每天都在念叨他妈妈的严格，她不喜欢穿短裤的女生，不喜欢跷腿的女生，不喜欢饭桌礼仪不好的女生，他似乎要塑造一个完美的女神端给妈妈进贡。那天夜里，荣一终于爆发，她说："我就是我，我不需要你指点我应该是什么样子，过什么样的人生！"

我就是我——荣一此刻就在想，我们必须要为我们的感情付出所有尊严，却承受所有委屈，只为那个人不再离开。我们用十几年建立的底线，只因为爱上某个人全面塌陷，爱情是个婊子，爱情是个屁，可是爱情多伟大，爱情多可怕。

9

先是前一晚在台东的星星部落，他们发生了争执。

星星部落真的非常美，一大片的星空下，露天的咖啡馆挤满了人，大家点着蜡烛在木头桌椅上喝酒。他们的广告词也很文艺：天空为我掉泪的时候，就是我们的公休日——因为下雨看不到星星。如果不是全家都在，这是一个很适合恋爱的地方，虽然仍然是热。

一路上，荣一习惯性地跟着阿宝坐，因为她不熟悉他的家人，除了他的父母，还有舅舅、阿姨、表弟表妹，成群结队，只有她是个外人，外乡人，外省人，彻底的外人。她小心谨慎，唯恐自己的言行给别人带来不愉快，她寸步不离地跟着阿宝，一直到星星部落，阿宝忽然让荣一跟他的阿姨坐。

荣一有点尴尬，阿姨也有点意外，阿姨加了一句："这个位置给你妈妈吧。"荣一简直要石化在当下。

阿宝也许是好意，希望荣一更加融入他的家族，可是他的方式实在过于生硬，又直接给了荣一难堪。

荣一说了句"我去看星星了"，不再就座。阿宝跑来问她怎么了，她说没事，不想喝东西，只想看星星。

站在破落的崖边，抬头看着漫天的繁星，下面是整个台东的夜景，灯火通明，人间的万家灯火与天上的闪烁繁星相映成趣，是偶像剧最佳拍摄地点，这里应该发生告白的故事，而不是告别。

这天的赌气化作沉默的面孔，晚上回到酒店，阿宝又忽然跟表弟出去谈心，一谈就谈到凌晨四点。躲在酒店黑暗中想心事的荣一偷偷掉了眼泪。他是怎么想的，把她一个人扔在这样的处境中，也许她真的是一个外人，一个外来人，一个不合时宜的人，一个不应该出现的人。

他们终于爆发。

在酒店外的黑暗角落，荣一全面爆发，她打他胸口、肩膀，拳头像雨点一般带着她所有的怨恨，从北京冬天一直到台北夏天，从离别地狱一直到尴尬地狱，她一直在地狱，是他给的地狱，她恨意难平，想起冬天病倒在床，想起一次次伤心落泪，想起他一去不回的决绝，想起他故意给她的磨难，她用尽全身的力气去打他。他一动不动，就这样被她打，然后捂着胸口，直直地看着她。

他说："我邀请你来台湾，只是希望你能够更加了解我的生活，我们能够更好地在一起。"

"现在呢？"荣一问。

10

环岛游结束后，阿宝和荣一的关系也降到冰点。

阿宝习惯使用冷暴力，荣一情绪极易失控，深夜的台北安静得骇人，荣一坐在阿宝家附近的那个小花园，被蚊子咬得满腿是包，她失魂落魄，又不知所措。机票就在明天，明天她就要回到她的城市，短暂的台湾行程逼近结束，他们的关系也像这个无奈的行程一样面临抉择。

阿宝在便利店买了啤酒，带荣一去了一个天桥下的草坪，下面有一个开放的篮球场，一些男生在打球，几个女生在谈心。阿宝和荣一枯坐着，一言不发，阿宝在喝酒，荣一在发呆。

两个人不知道怎么就谈起了未来，阿宝说："你将来会跟我来台湾生活吗？"

荣一说："你不打算再回北京了吗？"

阿宝说："我只是说未来，即使我这次回去北京，未来我还是要回来台湾生活的，你愿意跟我一起在台湾生活吗？"

荣一说："也许吧。"

荣一想说，如果感情足够坚定，哪怕是去刚果，我也在所不惜。可是这些话她说不出口，说了他也不懂，他只是一个鬼马、顽皮、不成熟、不懂人情世故的顽童，他享受着她给的感情，却并没有付出珍惜和了解，他甚至担心在这段关系中荣一会控制他。

所以很多话不必说，不必跟他说，自己心里懂就可以了。荣一好想哭一场，环岛游走到世界上最美的多良车站的时候，荣一就想直接买一张票去到哪里算哪里好了，那么美的车站，白漆蓝底小木屋，到哪里去都会因此变得更美好吧，通向爱人的车站有票可售吗？

荣一开始讲话，像自言自语，又像是血泪控诉，像无关紧要，又像无所畏惧，就这样把心脏劈开，让憋在心里的话语都流淌出来，它们会腐烂，会变质，会影响健康，也许会致命，说到动情处，荣一忽然站起来说："这样下去实在太没意思，我现在就走。"

阿宝跟在后面，没有拒绝，也没有阻拦，看起来，他已经默认荣一应该走。

篮球场走到阿宝家大概一刻钟，这 15 分钟内，两个人走走停停，一言未发，荣一走几步就会停一下，阿宝走三步也会停一下，直到看到荣一再次行走，他才走，可是他什么都没说，什么也不做，一直到了他家门口，她说："把我的行李拿出来，我现在就走。"

阿宝说:"我现在很累,很困,无法思考,要走也要等明天吧。"

荣一摇头说:"我已经快要爆炸了,你知道吗?"

阿宝说:"不管怎么说,先回去睡觉。"

执拗了几番,其实荣一也不是真的想走,偌大的台北,凌晨三点,她要去哪里?总是一口气表达了自尊,接下来如何补偿所有?没有回头路,没有下台阶,只能咬着牙硬撑着去走。

<u>11</u>

感情如果到了勉强的地步,还有必要继续吗?

一觉醒来,荣一没有走,不知道她的运气好还是差,天气预报说有台风,所有航班暂时延误或取消。阿宝醒来过来看荣一,问她还会不会这么冲动,荣一摇头。她果然是没有了以前的勇气和战斗力。

台风到来之前,天气阴阴沉沉,可还是要命的热,汗流浃背,若没有冷气将要休克的热。

他带她去见一个在台湾留学的日本朋友,那是他很敬重的一个人,喜欢喝酒,可以谈心。他们在便利店买好啤酒,坐在公园的椅子上喝,可惜椅子不够长,无法容下三个人同坐,于是阿宝和日本人就一直站着,而荣一站也不是,坐也不是,问阿宝能不能找个路边摊或者餐厅,大家面对面坐着可以更好地聊天。阿宝似乎很生气，说这个点了餐馆都已经关门，还加了一句："这里不是北京，没有簋街那种 24 小时可以吃饭的地方。"又补充一句，"在台湾，只有公主才会要求去路边摊。"

荣一冷笑："这算哪门子公主？"

阿宝习惯的台湾生活，荣一基本已经了解，他喜欢喝酒，基本只去便利店买，他很少去餐厅吃饭，因为太贵，他的朋友基本也是坐在公园里喝酒一族，买单的时候没有特别痛快的——所以荣一怎么也理解不了，他对于北京那种热情慷慨的城市的挑剔和偏见到底基于什么原因？

回家的路上，两个人一路无语，跟日本人交谈甚欢的场景历历再现，此刻他们却一路无语，他不再牵她的手，以前他不管坐车，不管走路，都会不自觉地拉她的手。有一次他们吵架，他伸出手，她拒绝，他事后很难受地说："你知道当你拒绝我拉手的时候我多难受吗？在一起就是要牵手啊，哪怕吵架也是要牵手呀！"

此刻的台北，即将面临台风来袭，淅淅沥沥的雨开始滴落，喝完酒的两个人无话可说。荣一在惦记着去哪里定一个便宜一点的酒店，阿宝也许在思考接下来因为改签而多出来的几天应该怎么度过。也许在他的心里，巴不得荣一现在就消失吧。

路上荣一跌了一跤，双腿摔肿，阿宝问她有没有事，拉她去便利店买擦伤药，荣一已经很清楚，阿宝所谓的便宜，只不过就是一间便利店。太好的生活他没见过，太便利的设施他也不习惯，他只是一个住在台北的依赖便利店吃喝拉撒玩乐的少年，尽管他上个月已经过完 27 岁生日。

明天在何方，接下来该怎么走，不知道。荣一摸着摔疼的腿，看着皮肤里面隆起的肿胀，感受着疼痛带来的更深的恨意，半开玩笑地说："你把我摔坏了，你为残缺的我负责吧。"

阿宝黑着脸说："干吗怪我，又不是我把你推倒的。"

12

够了。

已经足够了。

手机账单里传来了还款提醒的消息，三张信用卡，加起来不到两万元，这是上个月阿宝来到北京他们的花销。为了让他开心，她每天都在挖空心思去布置愉快的活动，他们喝红酒，喝洋酒，他们去 KTV，去酒吧，去打保龄球，去打台球，跟朋友们去最高级的酒店吃饭，去自驾游……他生日，她花了近两千元请他去著名的餐馆，而他竟然没有带她吃过一顿正式的晚餐。

便利店，便利店，永远都是便利店，垃圾食品、路边摊、廉价的卤味、脏兮兮的店铺。唯一的一次，她要求吃了一个难吃得要死的路边铁板烧，结账时他念叨竟然花了 750 台币，在北京，她请他吃法式的铁板烧自助，一个人就吃了 1500 台币，为什么在他看来，这竟然都是理所当然的？

大风大雨扭着屁股打着旋涡靠近台北市，荣一在黑暗的屋子里一觉睡到中午，她不吃不喝，像在关禁闭的囚犯，爱情的牢犯，自我缴枪自首的劳犯——此刻，她本该惬意地躺在安静的家里，看一部电影或者听几首法语歌，约着朋友去灯火通明的酒吧街喝一杯，畅谈人生。她本是个不折不扣的must have own way 小姐，只是因为认识了他，一个来自台北的年轻人，她竟然要去强迫自己适应便利店的人生？

你愿意将来跟欧文在台湾生活啊？这句话一直回荡在荣一的耳边，她很想冷笑一声，问阿宝他到底会给她什么样的生活——跌倒都担心负责的生活，吃一顿百元晚餐都要心疼好久的生活，没完没了在便利店买啤酒被蚊子咬得浑身是包的生活，还是必须要拿自己开玩笑博得长辈欢笑的生活？当然，她知道这些话太伤人，所以她选择不说，就像那天在篮球场畅谈人生的时候，她剖开心说出来的一些话——你根本没有理想，也没有能力，如果没有爱情垫底，你什么都不是！

此刻，荣一想起北京，在北京的天空下，她有自由，有美食，有通宵的夜店，有跟她一样自由不睡的人们，有跟她一样想法千奇百怪的朋友。爱情，爱情算什么呢？一场剧烈的台风就要来袭，她看到朋友圈里大家都在晒北京的冰雹，不管台风还是暴雨，一切总会过去，台北的闷热季也终于会过去，就像她内心积压的仇恨和情感，她似乎解脱了，又似乎没解脱，放弃一段感情的最佳方式就是看透，而说服自己放弃一个人的最好方式就是——来到他的城市。

清　単　女　郎

NO. 0 4

1

厚朴有一张清单，不是别的，正是他的理想情人的各种
条件。

20岁的时候，这张清单包含以下几方面。第一，长发。必
须是长发，不能有头皮屑。第二，白皙。最好是透明的，隐隐约
约看得见血丝的皮肤，他从小就对白皮肤的女生有一种莫名其妙
的神往，原因不明。第三，细腰。不能超过一尺九，腰粗的女生
穿什么都不好看。第四，嗓音甜美。厚朴觉得他不可能忍受一个
大嗓门声线粗鲁的女生，哪怕前几条她已经占全。

虽然这些条件几近苛刻，但是厚朴还是遇到了各方面都符
合要求的一个女孩，苦追了她半年，终于得到了她的芳心。但很
快厚朴就发现她还有很多缺点，比如说，分不清狮子的公母，也
永远不知道东西南北。

于是，就算她是他的清单女孩，他还是选择了分手。

当然，20 岁的少年总是像琼瑶男主角一样纯情，无非就是要求女生是个不食人间烟火的仙子，25 岁的时候，厚朴的这张清单就有了一些改变。

25 岁的时候，厚朴的清单包含以下几方面。第一，长发，当然还是要长发，他欣赏不了短发假小子，更欣赏不了短发酷毙妞，还是长发保险一点。这些年，厚朴已经明白这个世界有一些女人是他无法驾驭的，于是，条件一改再改，只在自己能够驾驭的范围内，要最好的女人。第二，丰满，最好是 C 杯，拥抱在一起也千万别有排骨在中间梗着扫兴，但是丰满绝对不能胖，厚朴无法忍受赘肉，每次走在大街上看到一些胖姑娘穿着露脐装和铅笔裤的惨相，他都感觉双腿发软，要昏倒过去……那些被勒得紧紧的又不安分的雪花花的肥肉狰狞地跳出来的样子一直是他的噩梦。第三，有深度。厚朴这些年和女人接触后发现，如果两人境界差太远，是根本没办法沟通的，久了还会生出厌倦和嫌弃之情。他欣赏那些有个性的女子，谈吐有深度，做事有分寸，大家在情爱之外可以聊一聊其他，而且独立的女人不会太黏人，这点也是他特别看重的。25 岁的清单少了一条，三条其实足够了，而且比四条的清单更容易实现，这世界有那么多长发、C 杯的女子，能和他聊上几句的倒真的不太多，能聊上几句的又都是些相貌普通的，于是他无限遗憾。

25 岁的厚朴照旧苛刻，不过还是遇到过一些符合清单的女人，但是恋情发展总也长久不了，然后他就出国了。

在美国待了三五年，拿到双硕士学位，见识了不同肤色、不同国度各种优秀的女人。厚朴经历了各种涂涂改改，最后把以前那些清单中的条款全部去掉，他觉得以前的自己真是太幼稚，什么长发细腰 C 杯深度，统统都是幼稚园小班的标准，回国的第一件事，厚朴决定找一个人结婚。

没错，没有清单，只有结婚，如果遇到一个女人能令自己想结婚，这辈子就是她了。

滕松觉得不可思议，他问："这到底是什么意思？清单没有了，你到底想找个什么样的人结婚？"

厚朴不以为然地笑笑说："遇到那个能让我有结婚欲望的女人，还要这些清单干吗？"

滕松脑子转不过来，想了半天，还是作罢。

滕松的女友小亭说："别费脑细胞了，厚朴这样的 A 男，当然是常人无法理解的。"

滕松又转不过来："A 男？"

小亭手里的杂志一扬，打在滕松的脑袋上："就是条件最好的男人！"

滕松懵懵懂懂摸了摸头，问道："那我是什么男？"

小亭没好气地说："你？Z 男！"

2

A 男厚朴回国第三个月的时候，在一个国际交友网站上认识了一个女孩。这天厚朴难得没有加班和应酬，打开了一罐啤酒，脱掉西装后拿手机在网上乱逛，被一个链接指引，就进了这个交友网站，认识了麦拉。

麦拉的照片非常奇怪，是一张倒过来的脸，厚朴必须要把头扭到无法再扭，才能看清楚麦拉的模样。其实他可以用一点小小的技巧把照片调转一下方向的，可是不知道为什么他没有，就这样扭着脖子看了一下，结果一连好几天，脖子都觉得很疼。这种疼痛有一种奇特的关联力，他因此牢牢地记住了麦拉这张照片，由此又牢牢地记住了麦拉这个人。

有一天在开车的时候，他突然有点走神，脑子里竟然就是这张照片。等红灯的时候，厚朴觉得有点不可思议，为什么会对这张照片印象如此深刻？他拿出手机，上了一下那个网站，确定麦拉没有给自己回复任何讯息，竟然有点失落。

也许是自己的资料填得有点简单？厚朴翻了一下自己的资料：31 岁，双学位海归，年薪过百万，181 厘米 75 公斤，样貌无可挑剔——她为什么没有回应？

这是比扭痛脖子更令厚朴不快的事情，他从来没有对自己有过任何怀疑，一个在各种际遇上都没有受到过挫折的人，是不太可能怀疑自己的。

厚朴的思绪整个被这件不在情理之中的事情给搅乱了。

经过前台的时候，美丽的女前台小幽又开始习惯性地对厚朴献媚，厚朴冷冷地扫了她一眼，向会议室走去。即使在会议中，他还是忍不住时不时会查一下 email，空空如也，只有关于工作的一些邮件，没有她的。

这到底是为什么？

有天晚上滕松和小亭约厚朴去参加一个聚会，本来厚朴对此类聚会毫无兴趣，那天却鬼使神差地答应了，下班后直接向约定的会所走去。

这是一个不知名称的聚会，有男有女，大家似乎都不怎么熟悉。厚朴刚回国不久，亟须交往各种朋友，扩展圈子，积累人脉，对自己的事业生活都有帮助，他总是算得清清楚楚的，所以也愿意消耗一些时间去参加这些无聊的会面。

滕松端了杯酒过来，对厚朴说："今天美女如云，你可以尽情搭讪。"说完，露出垂涎的表情，似乎一边享受美女大餐，一边后悔身边有伴。

厚朴扫视了一下，觉得都是些庸脂俗粉，顿觉兴趣少少。于是他随便抽了本杂志，翻来翻去，都是广告。

突然，杂志被人从旁边抽走，小亭的脸灿烂绽开，吓了厚朴一跳。小亭说："怎么一个人躲在角落里，来来，多认识点新朋友。"

厚朴还在找滕松的身影，却看到滕松跟一个穿棒针毛衣的女人在调笑，他意外地看看小亭，小亭似乎不怎么在意，他却替滕松觉得惭愧了。

小亭拖着厚朴，走到几个女人面前，对他的优秀大肆渲染，几个女人听到"多金""年薪"的字眼，已经眼内飞出桃花，个个开始施展媚术，祈望引起厚朴的注意力，可惜厚朴太熟悉这种气息，毫无兴趣。

聚会结束的时候，小亭拖着滕松，问厚朴感觉如何，厚朴不置可否。看着他失落的样子，小亭似乎挺兴奋。

3

回到家里，厚朴查了一下邮件，还是没有人给他回信。

好高傲的女人。

厚朴做了一番思想斗争，决定再给麦拉发一封邮件，有什么关系，反正也不熟悉，丢一次脸和丢十次脸区别不大。

这封邮件里，厚朴对自己的各种背景做了一个交代，主要是突出了自己的优秀，写完之后他有点后悔，觉得不需要这样急急忙忙地证明自己以取得别人的青睐，可是他还是这样做了。在择偶市场，大家总会不自觉地为自己添光添彩，否则，怎么能让麦拉这样傲慢的女人注意到自己呢？

可是，为什么要引起她的注意？这不合逻辑。

为了说服自己，他必须要找到麦拉更优秀的理由，点开她的资料，很简单，只有一个 ID，身高 164 厘米——属于普通型的，只有比例恰当才可能是好身材。体重没有填，要么太重要么太轻，避开体重选项的大约都是前者。收入选项是 2000 元以下——是开玩笑还是无业游民？兴趣爱好：睡觉——除了睡觉竟然没有其他爱好？

这怎么行！厚朴有点沮丧，一个没有爱好的胖姑娘，自己却巴巴地奉上一切去讨好？这不正常。但是当他再次歪着脑袋去看那张笑得没心没肺的照片中那个"没爱好的胖姑娘"时，竟然一切烦忧都消散了。

好吧，既然已经不打算再定清单，索性洒脱到底，直接要一个完全不在清单内的人，也是冒险人生——既然已经尝试交往过符合清单标准的人，也没什么惊喜了。

实验就从麦拉开始了。

可是，麦拉到底怎么能注意到自己，接受自己，并且接受自己这个有点屈辱性的恋爱建议呢？这是个难题。

这比研究一门学术、攻克一道难题、解答一个奥秘更难。

情感是最难掌握的东西，他不信"情感专家"，却也不知道向谁求助——如何控制一个人的心，这是一项难题，它不取决于你自身多么优秀，智商多么高，有多少生活经验，它无法无天，为所欲为，充满随意性。

<u>4</u>

得找个人倾诉一下。滕松当然不是好的人选，他好色、窝囊，满肚子坏主意，品位也一般 —— 看小亭就知道了。

当然，厚朴不是觉得小亭不好，作为朋友，小亭比滕松优秀太多，但是作为女友，小亭的面部过于扁平，每次看到她，厚朴都想到"没欲望"这个词。她的脸就像被擀面杖压过的饼，大刺刺摊开的架势，如果不加点其他作料，连送进嘴的欲望都不会有。

停！过于刻薄，却有求于人，这样不厚道。厚朴压抑住内心的怪念头，他想来想去，能够听他倾诉一下并给出合理化建议的，恐怕只有小亭了。

于是他请滕松吃饭，在一家日料店，选择这里是因为有一个大屏幕没日没夜地在放足球比赛，滕松看到足球就像苍蝇遇到苍蝇贴，眼球被倏地吸过去，再也拿不下来了。就在滕松的眼球粘在足球上的时候，厚朴假装不在意地跟小亭聊起烦心事，他努力不注意她的脸，否则很容易分神和笑场。

小亭表情有点阴郁："何方神圣，让你动心了？"

厚朴压低声音："就是一个完全不合乎标准的人。"

小亭惊讶地问："那为什么会吸引到你？"

厚朴想了想说："这不重要。重要的是，如何让她能够注意到我。"

小亭说："我怎么知道？"

厚朴有点尴尬，他不知道小亭怎么那么大火气，仿佛他犯了错。

小亭抓起滕松就走，滕松眼球还离不开足球，嘴边咧开着一个激动的笑，但是被小亭硬生生地拖走。小亭临走说："你何必怀疑自己的魅力，你站在太阳旁边，向日葵都该围着你转了。"厚朴莫名其妙地被小亭呛了一下，又惊愕又诧异，到底怎么得罪了她，让她突然这样对自己？

回到办公室，发现小幽正趴在他的电脑前来回看着什么。厚朴心里一紧，快步走进去，小幽看来是来送文件的，猛然被厚朴闯入，吓得一下直起身子，脸部涨红，快步走出去。

厚朴立刻打开电脑，看到小幽正翻看自己的收藏夹，太过分，怎么可以这样？

收藏夹里大部分是业务网站，倒也没什么，主要是他还收藏了那个国际交友网站，收藏了那个傲慢女孩的照片，如果她有足够的时间，一定看到这个秘密了。这样的发现让厚朴极其不悦，他愿意和同事保持永远冰冷如霜的关系，不愿意走近一步，哪怕是朋友，他也不愿意，每个人都有自己的做人原则，他的原则就是这样。

这一天简直乱七八糟，完全不合逻辑。

5

出差几日，马不停蹄地赶回来，一堆的事务，一团乱麻，厚朴深深感到疲惫。

已经不抱希望，高傲女郎是不太可能给自己回信了，哪怕他衷肠表白，哪怕他把家底托出，一个人打算不理你，即使你泣血求救，可能她也不会有任何反应。

想到这里，他心底萌生出浓浓恨意，基本打算把麦拉删除了事。但是每次看到她的照片又重新怦然心动起来，这算怎么回事？罢了罢了，随她去吧，但还是要想方设法地吸引她才是。

厚朴第一次感觉到自己是如此被动，以前他总是处于决策状态，他可以决定恋情开始，也可以决定恋情结束，从来不用费脑子，完全因为自身的条件所致，他习惯了操纵。

而这一次，看来没那么容易。

厚朴打算每天都写一封邮件给麦拉。他在冷静了一下之后帮她列举出不回信的种种可能，比如说这段时间没有上线，或者说出差了不方便回信……总之，让她回应自己一下变成了厚朴的终极愿望，他不敢想象如果哪天收到她的回信，他是不是会高兴得宛如中了头等大奖？

这不合逻辑，但是这发生了。

无数女人觊觎的 A 男厚朴，就这样莫名其妙地一头扎进情网，陷入了自己设计的情节和推测中，爱上了一个可能是自己想象出来的女人，完全无法操控，仿佛一只小船被逆风冲进江河，厚朴沦陷了。

6

小亭突然来访，让厚朴有点手足无措，以前小亭和滕松总是如连体婴孩般一起出现，他也习惯了这种组合出现的方式，现在突然只剩小亭一个出来，感觉像丢了一只鞋，连脚都不舒服了。

小亭的样子很沮丧，似乎刚哭过，厚朴不知道该不该通知一下滕松，却又觉得很多余，甚至有点大惊小怪，于是只好在众目睽睽之下，带着眼睛红肿的小亭离开办公室，到楼下的咖啡厅去谈话。经过前台的时候，小幽充满敌意地扫了小亭一眼，带着一点点醋意和对小亭"硬件"扫描后一点小小的得意，很复杂的感情交织在一起，放出一团醋火，喷射过来。

厚朴带着哭泣的小亭来到咖啡馆，小亭开始抽抽搭搭地说着一些不着边际的话。认识小亭也有一段时间，厚朴一直觉得她是洒脱独立的人，虽然和滕松在一起，可拥有自由意志，不像会因为他人而落泪……厚朴有点走神，他内心在想象，那个收到自己无数邮件却从来不屑于回复的女孩到底是怎么回事呢，她也会有快乐和烦恼吗，也会突然闯入朋友的朋友的办公室来哭吗？略一走神，小亭已经坐在他的旁边，用命令的语气说："晚上陪我喝一杯。"

厚朴还在神游中，忽然被下达通知，不知该如何答复，小亭起身要离开，临走说："你们最好换一个高级点的前台。"

厚朴愕然："什么？"

小亭轻微撇嘴："小镇姑娘洗剪吹，从来没有读过书，也能找到工作，这社会太宽容。"

习惯了小亭大张大合的热情，今天忽然散发恶意，这到底是怎么了？

厚朴心神不定地回到公司，小幽又八卦地来问刚才那个哭红了眼睛的女人是否是他女友，厚朴笑笑说："怎会，朋友的女朋友。"

小幽满意地一笑，说："我想也是。被甩了吧？多花点心思打扮打扮自己，底子已经不行了，又懒还凶，没救了……"

女人之间的争斗真是无所不在，不见硝烟，却杀伤力极强，此刻，空气里弥漫着刀光剑影，厚朴觉得自己像一堵无辜的墙壁。

7

虽然极其不乐意，加上毫无理由，可是厚朴还是赴了小亭的约，且没跟滕松说。

这也是很奇怪的一种心态，明明自己对小亭毫无欲念，也不想滕松有什么误会，可是他还是决定不告诉滕松，去跟小亭喝一杯。是因为回国之后太寂寞了，还是因为被高傲女郎打击了尊严试图从其他女性这里找回一点，抑或其他的什么？不知道。

小亭点了洋酒，几杯下肚就酩酊大醉，作势要吐，吓得厚朴想逃离。样子普通没关系，若做派太夸张，实在对自己是一种冒犯——不仅仅男人会唐突女人，女人放肆起来也一样会唐突男人，除非男人对她有幻想，而自己对眼前这个女人明显没有。他开始后悔没有跟滕松打个招呼，如今若补上，倒显得自己鬼鬼祟祟居心不良，真是惹一身不是，此刻该找谁来解围呢？

他想到小幽，那个一直对自己居心叵测的前台，小亭看不上的没读过书的小镇姑娘，偷偷翻阅自己电脑的没有礼貌的女孩子。这世界到底怎么了，他一直是个井然有序的人，谈恋爱有清单，交朋友更是如此，可是为什么突然间好像一切全部天翻地覆，不合标准的女郎对他冷若冰霜，阶层不同的女同事也觊觎鬼祟，连朋友的女友也开始跟自己撒野，全乱了，这不行，绝对不行！

厚朴利用在卫生间短短的一刻钟，迅速厘清了思路，并且做了决定。第一，不该贸然跟朋友的女友倾诉心事；第二，不该跟朋友的女友单独出来喝酒；第三，不能给不可能的人任何希望。所以，马上送小亭回家，解雇小幽，最后一次跟麦拉摊牌。

即使失去一切，他根本也不该在乎，本来就是他世界之外的一切，是他偶尔的软弱和丧失原则，导致一切凌乱，他必须要适可而止，可是当他走出卫生间的时候，他惊呆了。

8

小亭像没喝过酒，没闹过事一样，安安静静地站在门口等厚朴，她的镇定倒是把厚朴吓了一跳，对自己刚才恶狠狠的一些决心又生出一丝歉意。是的，她没什么错，也许只是心情不好，而且他找她谈过心事，他也有义务倾听她的心事，这才公平。

厚朴温和地跟小亭打招呼，问她感觉好些没有，想下一句话就引到送她回家。小亭似乎没听到厚朴的话，只是眼神失落地看着他，说："你难道真的什么都不知道吗？"

厚朴疑惑不解："知道什么？"

小亭眼里含着晶莹的泪，因为光线的问题，她扁平的脸不像暴晒在阳光下那么难看，反而增加了几分异域的气质，像他某个清单女友追了几年的美剧《实习医生格蕾》里的韩国人。小亭这个"韩国人"一下子拉住了厚朴的手，厚朴下意识地前倾了一下身子，他以为她要摔倒，向他求助，没想到一来二去，小亭扑在他怀里，再不离开。

这是怎么回事！厚朴想摆脱这个桎梏，可是小亭死死不撒手，就这样在灯光昏暗、音乐躁动的酒吧走廊紧紧抱住他，带着哭腔说："你难道真的什么都不知道吗？我喜欢你，从你出国前就喜欢你，给你发邮件，你理都不理。我四处打听你的消息，你跟这个谈完跟那个谈，你挑剔你孤僻，没关系，本来不想这样直接告诉你，可是，你身边的人实在太多，你会被没见过面的莫名其妙的女人吸引，还有那不体面的前台，如果我再不讲出来，你恐怕永远都不会知道我喜欢你吧……"

这一番表白来得实在太无预兆，厚朴简直不敢相信小亭的话。

"等一下。"厚朴艰难地推开小亭，艰难地试图冷静地看着她，"我知道你喝醉了，我当什么都没听到，我不是滕松，我是厚朴。"

小亭说："我当然知道你是厚朴，如果不是想靠近你，你认为我会喜欢那种无头无脑只会看足球智商欠缺的男人吗？"

厚朴发现面对一个表白的女子，尤其是喝醉了的女子，尤其是认识多年彼此熟悉的女子，讲出内心的真话非常困难。他本意是觉得小亭不符合他的审美，连进入他感情世界的门票都不可能拿到，可是潜意识里他要求自己讲出的拒绝理由是："你是滕松的女朋友，不管怎么说你是滕松的女朋友。"

厚朴又开始赞同自己刚才的坚决的决定，并且意识到，包括他跟滕松的友谊，恐怕也要画上句号了。

<u>9</u>

　　突如其来的事件就像肠胃突然消化不良，曾经运筹帷幄的厚朴如今已经被乱七八糟的琐事搞得心神难安，甚至影响到了正常的工作和睡眠。他开始一幕一幕地回忆，想到小亭确实有意无意总是出现在他的生活里，也确实在国外收到过她的好几封问候邮件，可是，天知道她这都是含有爱意的表达！他一直以为那不过是普通朋友的问候，是可回可不回的友情。看，小亭之于他，甚至连感情的边沿都不占据，从不作恋人想，更何况后来她的身份就已经是自己朋友的女朋友。

　　需要药。

　　消化不良需要药，感情如今也陷入消化不良的呆滞状态。奇怪的是，除了越来越觉得不顺眼的前台小幽，他竟再也想不到任何人可以用来倾诉和纾解，这不公平，她对自己浓烈的感情，跟自己有何关系？这样的想法一旦迸出来，他又想到自己对那个陌生女人莫名其妙的感情，这会不会也是一种干扰，一种冒犯，一种唐突和一种让人呕吐的热情？

　　决定了，对别人的不冒犯，是一个君子的生存根本，厚朴打开邮件，决定给麦拉写最后一封邮件，对于自己的可笑和荒诞，做一个完美的谢幕。也应该感谢小亭，让他知道不被接受的感情对当事人是多大的困扰，他有他的清单，清单外的人勿近，麦拉也应该有麦拉的清单，即使他自认为优秀能干，谁知道他是不是根本就不入她的法眼，根本不是她清单项目里的人？在没有被当面厌弃之前，有礼貌地道歉并且谢幕，真的是他目前能做的唯一的体面的动作了。厚朴打开了电脑，语重心长诚意拳拳地写下了这封邮件，道歉完毕，他认真地把麦拉删除掉，且没保存任何地址，不给自己有后悔的余地。

长舒一口气，厚朴觉得总算心灵宁静。

对别人的纠缠，对自己同样亦是惩罚，得不到回应的痛苦，比彼此伤害的痛苦还要难熬，前者因为有无限的想象空间，而后者早就互相厌倦，所以，还是暗恋更辛苦。活到该成家立业的年纪，堂堂男儿变成暗恋小丑，真是鬼祟人生。

厚朴长长地叹气。

10

谁也没想到的事情发生了。

这天，当厚朴利用周末进行了一次短途旅行回来之后，回到家里打开手机发现收到了一封奇怪的邮件，邮件的头像让他心跳若狂——怎么可能，麦拉？

尽管已经做好了结束的准备，看到她的头像还是令他心乱如麻，他迫不及待地想看看她的来信说了什么，她怎么会忽然回信，这不合逻辑，可是这又确实发生了。

麦拉的邮件很简短，大概是说自己收到了他的邮件，才想到几个月前注册过交友网站，如今已经忘记密码，是他的提醒才令她想起这件事，可是网站的密码也已经不记得，如果厚朴不介意，她愿意跟他认识。

　　短短的几行字，厚朴读了差不多十几遍，每一个字都像带着魔法的小精灵，让他开心、愉悦，沉睡的神经清醒，沮丧的细胞复活。这真是太好了，人生真的挺美好，他心仪的姑娘给他回信，原来不是看不上他，只是忘了密码，根本没有看到他的邮件……他该想到这一点，凭他的条件和资本，没有哪个女人会把他拒之门外，这才是他自我定位中的熟悉感啊。

　　厚朴的低落心情因为一封来信而火焰高涨。他来不及换衣服，来不及洗澡，甚至来不及喘口气思考一下，他被这个突然的喜事冲击得扬扬得意。他立刻就给麦拉回了信，邀请麦拉见面，麦拉也很快又回了，大概是说彼此不太了解，还是慢慢接触一下再见面比较合适，厚朴想都没想就答应了。这一天，他真的满怀感恩，充满激动，恢复了自信，顺便恢复了热情。

　　他开始重新注重自己的形象、仪表、谈吐、状态，企图用最快的速度了解麦拉和她的一切，投入轰轰烈烈的恋爱中。如果不出意外，他很希望在这个年纪，千帆过尽还能遭遇心动的时刻，能开花结果，顺利走到人生的下一步。

　　结婚？

　　太荒唐了，在一个交友网站认识一个漫不经心的女孩，连身材长相气质都不知道，先是被她牢牢控制，令他失魂落魄丧失意识，如今一封邮件短短几行字，竟然让他想到结婚。

想想当年那些严格按照清单寻找的恋人，那些万里挑一入他法眼又被他拱手送回人海的美人们，他有些汗颜。

11

奇怪的事情总是在意外的时候发生。小亭的告白，发生在毫无防备的深夜，而清晨，厚朴又遇到一个怪事——小幽辞职了。

就像小亭所说的，像小幽这种没读过多少书的乡下姑娘，能找到一份如此高薪体面的工作，不是应感恩戴德诚惶诚恐吗？又不用做什么，只需要接接电话刷刷脸，甚至不需要大脑帮忙的职位，竟然还有人选择辞职。

虽然之前因为小幽的种种作为，厚朴起了辞退她的念头，但因为接到了麦拉的来信，一切都变得美好感恩起来，他也就打消了这念头，毕竟再重新面试招聘一个合适的人也不是那么简单容易的事，姑且留着她好了……

然而小幽辞职了，理由没说，只是很官方地说想休息一段，换换心情。厚朴好意请她吃个告别餐，她也谢绝，就像风一样，莫名其妙地刮过来，又身轻如燕地消失了。

这本也无可厚非，如今他心想事成，滕松和小亭被他摒除到世界之外，小幽又主动请辞，也不必他亲口赶尽杀绝，避免了良心的不安。最重要的是，他的心上人跟他正在亲密接触，想到这里，一切都不重要，一切很美好。

就这样，过了几个礼拜，厚朴和麦拉每天保持邮件联络，他几次要求用更快捷的软件联络，麦拉都拒绝了，她喜欢收发邮件的快乐，而且邮件比起聊天工具更具有浪漫情怀，可以对着文字思索好久，不必着急回复。总之，厚朴觉得都可以依她，只要建立良好的互动，见面的日期就会越来越近。

麦拉性格活泼、调皮，聪明又节制，喜欢自嘲，擅长调侃，很会拿捏来往的分寸，厚朴因为过早投入感情，一切局势都由不得他来控制，他第一次尝到被控制的滋味。虽然有些别扭，也算习惯。终于，在邮件往来几周之后，厚朴越来越沦陷，他热烈地发出见面邀请之后，麦拉答应了。

他们约在市中心广场的露天咖啡卡座，是麦拉选的地方，那里人多，避免紧张感，也避免彼此的危险度——毕竟是网上认识的人，有点警惕意识也是好的。

想到期待已久的见面马上就要到来，厚朴竟然紧张到心跳若狂，提前来到约会的地点，紧张兮兮地来回盘旋。除了邮件，他没有她的任何联系方式，他自信可以凭着照片给他的深刻印象找到她，然而他失算了，一直到咖啡店快要打烊，他都没找到她。

是她没有来赴约？是她躲在角落里看到他不是自己想要的类

型就走了？是他记错了地方或者她找错了地方？更或者，她只是玩弄他？

太可怕，一个下午，把厚朴重新建立起来的自信全部毁掉，信念的崩塌着实可怕，回家的路上厚朴几乎不想接电话或看邮件，不想跟外界有任何接触。

12

几天后，厚朴还是收到了麦拉的邮件，说很抱歉，那天突发情况，她生病了，如今在医院，因为没有电话，来不及通知他取消约会，病房又不方便发邮件云云。厚朴虽然失落，却也接受了这个说法，还主动给她打过去一些医疗费——之前的邮件里，她提到过自己最怕生病，因为没有保险，住院等于破产。

厚朴打过去这笔钱，顺便提出要求去看看她，但是她以病床上憔悴不堪为由，拒绝了他。再后来，他们又约了几次，每次都是出现一些问题，他也就慢慢接受了一切意外和巧合，同她一起感叹无缘分，并期待下一次见面。在他看来，他们心灵相通，虽然没有见面甚至没有通过话，彼此似乎早已是恋人关系，所以对于麦拉的任何"意外"，他都表现出非常的关心，而这种关心最直接的表达方式就是一笔不算少的钱。

这样一来二去，半年就过去了，滕松和小亭决定结婚，厚朴接到请柬挣扎良久，决定去参加婚礼。他还希望这次婚礼上能够跟麦拉见上面，麦拉也如常地答应了他。

去婚礼的路上，厚朴在一个红灯的路口停车良久，人群中忽然看到一个熟悉的身影——那不是麦拉吗？是她，肯定是她！他们没见过面，没有聊过天，可是她的样子、影子深入骨髓，那一张漫不经心的脸，那似有若无的笑，那毫无章法的头发，以及走路时候大步流星的姿态。她不是跟闺蜜去郊外散心了吗？怎会出现在这里？厚朴顾不上交通规则，逆转掉头向麦拉冲去。麦拉走得很快，他一直紧紧尾随，很快他就跟丢了。他索性把车停在路边，闯到人海里去找他的邮件恋人，他的心上人，他的清单之外却令他神魂颠倒的女人——就在他左顾右盼之际，他看到她了。

麦拉，确定是她。她上了一辆很普通的车，开车的是一个很普通的男人，看起来30岁出头，没读过书也没什么礼貌的人，一脸贫寒之气。厚朴愕然，冲过去拍车窗，麦拉摇下车玻璃一脸陌生地看着他，厚朴紧张地自我介绍，开车的男人怒火冲天地骂他是碰瓷的，厚朴不知道该怎么解释自己是谁，可是他要唤醒她，好容易见到了，这大半年的时间，这痛苦的恋情，他不能放她走，不管这到底怎么回事。他讲出了交友网站，说出来邮件，麦拉一直惘然看着他，当她看到邮件地址，不禁吃惊地说，这个邮件确实是她的，可是在半年前就被盗用了，怎么会有人用她的名字一直在跟他发邮件？

......

在骂骂咧咧纠结不清的质疑里，麦拉跟着那个男人走了，留下厚朴一个人在风里，完全失去了理智。

13

婚礼空档，身穿礼服的小亭过来给厚朴敬酒，说了几句废话，发现厚朴心不在焉，问他到底怎么了。厚朴憋得难受，索性从头到尾一股脑全跟小亭说了，小亭的诧异不低于他，她整理完所有的疑点，最后总结："你被骗了。"

是的，他被骗了，麦拉是麦拉，麦拉注册过交友网站，可是半年前，她的账户连同注册邮件全部被黑，密码被改掉，但是一直被使用。小亭问他给过那个人多少钱，厚朴前后算了一下，虽然不多，也并不少，除了医疗费，还有每天的清晨红包，还有节日礼物，中间她还过了一次生日。他本来打算送她蒂凡尼，可是她说生日这天有事没法见面，他就按蒂凡尼的价格折现打给了她，她当天自己去买了还拍照发给他……小亭听完这些，不禁感叹："你真的好天真，你知道现在很多女生不务正业，天天骗红包骗钱吗？"

厚朴始终没有办法接受自己被骗的事实，他是高智商精英，是标准的 A 男，交女友都按照清单标准来的，如今却被一个莫名其妙的恋爱给卷入诈骗纠纷？真是可笑！

摄影师喊小亭拍合影，小亭快速地安慰厚朴："别难过了，破财免灾，但是，像你这样挑剔的人，怎么会对一个面都没见过的人产生感情，还被骗得这么惨？让我们这些忠心耿耿的粉丝心都碎了。"说完，小亭已经离开。

厚朴索然无趣，悄然离开。

14

他拉黑了麦拉，删除了所有的邮件，虽然他很想知道到底这个骗子是何方神圣，可是他忽然很疲惫，觉得一切就算了，不必再计较，他付出去的感情和金钱也都是自己愿意，唯一得到的结论是，恋爱必须要有清单，全无条件的恋情，必定有诈。

他又开始给自己制定清单女郎的标准：第一，必须要见面；第二，必须要见面；第三，必须要见面。然后那些曾经被自己唾弃的条件也都一一回归，要好看，要腰细，要有趣，要有气质，要聪明，要……见面。

根据自己的条框和要求，加上主动积极地投入各种应酬交际中，厚朴很快遇到了一个清单女郎，她完美地符合了他的一切要求和条件，并且对他一见钟情。

麦拉这件事已经变成可笑的绝密文件，被厚朴封锁在不见天日的记忆文件库中。

这天送女朋友回家，路上厚朴忽然灵光乍现，又打开了交友网站，无聊地浏览着那些花花绿绿虚假虚伪的照片和 ID，以一种嘲笑的姿态看着一切，想到自己也曾经沉迷其中差点被骗死，不由觉得饶有趣味。

忽然，他看到了一张熟悉的脸，虽然化了夸张的妆，可是他一眼看出来，这不是他曾经被小亭嘲笑过的前台小幽吗？她的 ID 是个毫无文化的浮夸名字，厚朴注意到，她的脖子上带了一个蒂凡尼的项链，如此熟悉，如此刺目。

厚朴惊呆了。

没　　有　　相　　爱

的　　　　运　　气

NO　.　0　5

1

某年的某个夏天，澄裘突然变成一个胖子。排山倒海地，毫无征兆地，甚至没有提示地，就既成事实。

那是一个很普通的傍晚，澄裘闲来无事，四处溜达，路过一面橱窗，她突然停住了脚步，橱窗里的胖子是谁？花红柳绿，俗不可耐，面目可憎，肥硕无比。等等——澄裘几乎只用了三秒钟，就已经确定那是自己。

没错，是自己，早晨从衣橱里翻出来的民族风，前些年疯狂迷恋所谓的波西米亚气质，收了好多根本没有办法穿出去的长袍大褂，环佩叮当，花哨艳丽。所有女人都梦想自己穿上这些所谓波西米亚风的衣服就充满异域神秘气质，而就是这些尺寸宽松的衣服，让澄裘在毫无防备的状态下，变成一个胖子。

真的是一个胖子，毫不夸张，腿部的曲线已经消失，像两根健壮的水塔，腰部早已经变成传说，就连脖子也消失得无影无踪，取而代之的是脸部和肩膀越来越近的距离，近到能搭起一座肉桥。

真的太可怕，变胖竟然只在一瞬间。

只能怪这段时间饱受失恋之苦，穷尽口腹之欲。失恋是个极佳的借口，很多女人的堕落就是从失恋开始的——我已经受到了爱情的伤害，难道不能多爱自己一点吗？于是她们过分地爱自己，疼自己，把克制的自己连同委屈的情绪一起丢到垃圾桶，迎来一个雄壮健硕的自己——看你们谁还敢欺负我……

好吧，难怪陶芯最近极尽挖苦讽刺之能事来提醒澄裘注意身材，澄裘只当她是开玩笑，原来她是真朋友。

已经让人无法容忍。最令人无法容忍的是，澄裘最近认识了一个不错的男人，经过考察研究后，属于"男朋友"备胎的首席人选，而且，最近就要见面。

怎么办？

就这样跟俞木然见面？让他见识自己是一个怎样犀利的胖子，怎样挑剔又清高地拣拣选选，又怎样地妄自尊大，培养起蓬勃的优越感，对经过身边的每一个男人都刻薄？

老天真幽默，在澄裘最美好的时候，让她失恋，在她最难看的时候，送来百分之百的男人。情何以堪？

就这样，怀着极度沮丧的心情，澄裘快步离开，可恶的镜子，可恶的真相，可恶的肥胖，可恶的人生，还能不能给人一点理由开心？

回到家里，她仍不甘心，脱掉长袍大褂，找出衣橱里所有的衣服——不是提不上去的丹宁裤，就是快要撑爆的上衣，完蛋了，这不是真的……但这是真的，肥胖来了，它真的来了！澄裘就这样，衣裤绷在身上，尴尬得不上不下的状态下，跪在地上哭了。

男人不可能理解肥肉对于女人的毁灭性的意义。当你爱上一个女神，她首先不可能是一个胖子；当一个女子有风情，首先，她不可能是一个胖子；当一个女子心思细腻，她也不可能是一个胖子；就连当我们谈起我们欣赏的朋友，对方都不太可能是一个胖子。

澄裘拨通了陶芯的电话，明明早已做好了被她奚落的准备，却也带有一丝侥幸，问："其实我也没那么胖，是吗？"

陶芯在电话那边犀利地说："你的问题就是你太自信，自信到不肯面对现实。"

澄裘冷笑："我已知道现实。"

陶芯反诘："那么怎样？"

澄裘说："那么，我开始减肥。"

2

说是说，减肥谈何容易？跑步？浑身大汗，气喘吁吁，面红耳赤，几百卡路里，少吃一碗米饭的事。少吃？胖子胃口都大，别说几餐不食，即使一餐吃得不舒服，心情都会一落千丈，只有吃饱了，才能有理由愉快一些。

天啊！

美容院？好吧，只能是去美容院，交了昂贵的费用之后，澄裳说："我要迅速瘦下来。"说完她停了停，补充了一句，"因为……我要谈恋爱。"

这也许是美容院的人听到的最搞笑的一个减肥理由。因为换了别人，即使真的为了这理由，也会冠冕堂皇地说：为了自己的健康，为了健康啊！

已经变成了胖子，澄裳没时间再去应酬和煽情，她现在只想一步到位。原来变胖也会变得简单，难怪鲁智深路见不平拔刀相助，若换成一个瘦子，会要前后考虑一下利弊吧。胖子是没那么多智商去周旋的，胖子的智商，都被脂肪给糊住了。

此刻的澄裳浑身被缠上透明的胶带，好像包食物的保鲜膜，血管都被压迫住，浑身变成紫色，然后送到太空舱或者叫别的什么舱，总之是一个奇怪又可怕的密闭空间。然后，那个空间开始释放恐怖的热，瞬间，澄裳感觉自己像一只被蒸煮的紫薯，可怜的汗珠一滴滴地掉下来。

半个小时后，从舱内被运出来，美容院小姐姐善意地问："感觉到瘦了吗？"澄裳愕然："这样就已经瘦了？"

美容院的人把绷带拿掉，紫色一下驱散开，然后澄裳站在体重秤上一看，哗！还是一个令人不敢直视的数字。

就在三个月前，她路过一个药店，看到那里有一个免费的体重秤，她站上去，当时还只有一百零几斤，连卖药小姐姐都不好意思跟她推销减肥茶，如今，恐怕连卖猪肉的人都要克制住卖肉给她的冲动了——做人要厚道。

澄裘还在恍惚，美容院的小姐姐已经欢天喜地地祝贺她："真的瘦下来一些了，只要坚持，一定会成功的！"不好意思负了别人好意，澄裘也只好悻悻地说："真的好棒……"

说完，她穿上衣服，捂脸而去，唯恐走慢了，还要继续跟美容小姐虚伪寒暄，后面听到小姐姐极其敬业地追喊："张小姐，效果很明显，记得这几天都要来巩固哦！"

张小姐，张陶芯，抱歉，这样的时刻，总是会用女朋友的名字，这是女人的通病，治不好。"张陶芯，你个死胖子！"澄裘有种报复的快感，一边小步快跑，一边竟然忍不住扑哧笑起来。

恶作剧总能带来好心情，直到，接到俞木然的电话。

俞木然的声音在电话那边响起，立刻把澄裘打回原形，冒用女友名字偷偷做减肥的猥琐胖子，该回地球了。

俞木然问："最近怎么消失了？好久不见你。"

澄裘尴尬："有点忙。"

俞木然："忙什么？"

澄裘左顾右盼："也没什么，突然好忙。"

俞木然稍微有些失落："本来打算周末约你去看话剧。"

"不要——"澄裘轰然说出口，语气又急又烦，几乎让人吓一跳。

俞木然自然理解为这是明确的拒绝，他是个敏感的人，便自找台阶地说："也好，最近接了一个新的剧本，也有点忙。"

两个"忙人"彼此沉默片刻，俞木然说："其实也很想见你。"

澄裘几乎想当场喊出："当然我也想见你，但是我现在是个胖子，我没脸见你。"喊出口的却是："周末话剧是吗？没问题，告诉我时间地点，我去。"

俞木然喜出望外，峰回路转，他有点不敢相信，确认了几次，然后挂了电话，立刻把时间地址发来，并且附加一句：非常高兴，终于能够见到你。

收到短信的第一时间，澄裘把这条短信转发给了陶芯。

3

张陶芯风风火火地找来，瞪大眼睛问："澄裘，没搞错？你让我替你去约会？"

澄裘说："是，反正你也闷，看看话剧不错。"

张陶芯癫狂："你果然变胖后脑子也短路了，你要闹哪样？"

澄裘说："我很想见他，但是目前不合适，你帮帮忙，替我见一见，然后告诉我他怎么样，你是我最亲密的女友，你该知道我的口味，对吗？"

张陶芯不屑一顾："上一次我也说那个男的不适合你，你听我的了吗？后来怎么样，被劈腿还痴情无悔，难怪你变成一个胖子！"

澄裘说："好了，这一次听你的。"

张陶芯叹口气："谁让我倒霉做你闺蜜。"

澄裘面色略变，心里暗想：我也许更倒霉些。

话没说出来，话一出口就会伤害人，尽管澄裘和陶芯对彼此都有微词，毕竟认识五六年，一直保持密切联系，这不易。大城市人情冷淡，各种不容易，能够有一两个能一起逛街、经常通电话的人，确实不易，所以，尽管有不愉快，还是可以忍受。要不怎么办？

段段恋情都夭折，孤家寡人并没有意思，寂寞也不是好玩的东西，还是需要朋友，比如说在做坏事的时候冒用一下名字，在不敢面对完美恋人的时候搬个救兵⋯⋯

就这样想好了，说定了，掐指一算，距离周末还有几天，这样一来二去，她有足够时间减重。总之，她贪心，既不想以如此差劲的状态见面，又不愿意过于彻底拉远他们的距离，只有派闺蜜上阵，做一下暂时替身。

蛮好蛮好。皆大欢喜。

<u>4</u>

澄裘以"张陶芯"的身份第三次进入太空舱准备蒸紫薯的时候，她接到了张陶芯的电话，张陶芯语速又快又狠，带着浓烈的

情绪，劈头盖脸而来，把澄裘吓了一跳。

张陶芯的话大概是这样：你搞什么鬼，再不要给我安排这种无聊又搞笑的活动好不好？我虽然无聊也不至于什么人都见，汪澄裘你真够讨厌的。

澄裘听完了陶芯的唠叨，也没听明白她到底怎么了，发生了什么事，但是她惴惴不安的好心情全然不见。她没有进仓，挂了电话沉默片刻，还是打电话给俞木然，她想知道，到底怎么了。

俞木然很快接了电话，三言两语，也没有质问澄裘为何失约，也没有问责为何"狸猫换太子"，他什么都没说，只是三言两语打发了她，然后挂了电话。

这天，澄裘很怅然，她没有办法想象当时的情景，她总是寄希望于大家都有一点点娱乐精神、幽默细胞，可惜事与愿违，她已经多次失望。

从这天开始，澄裘和俞木然，甚至女友陶芯之间，都产生了奇怪的隔阂，这种感觉微妙又奇异。之前，澄裘与俞木然未曾见面，却总觉得近在眼前，只一层窗纸；之前，澄裘与陶芯虽然价值观和审美都相去甚远，却也总是亲密无间。突然之间，什么都没有了。

俞木然有些冷淡，也许是太忙？陶芯也有些冷淡，也许还在怪自己？

他们像商量好了一般，齐齐地对澄裘冷淡，澄裘由于忙着减肥，自顾不暇，也来不及多探究——她连跟俞木然约会都不敢，还能探究什么呢？

只是有一天，这件事突然又有了新的转机。

<u>5</u>

这天，澄裘和陶芯约好一起去 spa，中间她们已经有几个月未见，陶芯如常保持冷冷淡淡犀利恶毒的表情和言语方式，澄裘则陷入美容院减肥失败的痛苦中，受了那么多罪，流了那么多汗，体重没掉一两斤，白白交了昂贵的会员费，辛苦了那台机器和美容院小姐姐的鼓励。

澄裘只能另寻他法，比如说吃减肥药。

减肥药倒是立竿见影，可是副作用也很恐怖，脱水、面色蜡黄之外，她怀疑自己的肠胃也坏了，总是隐隐作痛，还总想睡觉，只要一喝水，体重立刻又回去，原来的好肤色却回不去了。澄裘感觉再这样坚持几日，恐怕要驾鹤归西。她痛定思痛，觉得减肥药不适合自己，喝了几天粥，养了养可怜的胃，打算做个spa，重新开始。

见到澄裘，陶芯先是鄙夷地看了一下她粗壮的大腿，又冷笑着看了看她枯黄没有光泽的肤色，她说："你算是没救了。"

澄裘不以为然："不要早下结论，只是需要一个过程而已。"

陶芯说："好吧，祝你早日重生，别等老了之后。"

澄裘怒了："你还能再刻薄点吗？"

陶芯说："你就是喜欢听虚伪的好话，下次见你一定赞你人中龙凤，性感肉弹。"

两个人多日未见，一见面已经不愉快，澄裘后悔约陶芯出来。就在她们换衣服要进入服务区的时候，陶芯的电话响了，澄裘无意间瞟了一眼，心跳两秒——俞木然。

澄裘假装没看到，转身就走，心里涌起一阵难以言说的不痛快。她脑补了一系列小说、电影、传说里闺蜜夺爱的桥段，心下冷笑：难道生活也这么戏剧化？

澄裘猛然一回头，看到陶芯正看着自己，她假装什么都没看到，什么也没说，俩人一起去 spa。

6

越想越生气。到底怎么了？

本来马上可以扶正的男友候选人，仅仅失约一次，就突然变路人？那狂风暴雨怒吼的"闺蜜"，代表她去见了一下未来男朋友，难道从此就横刀夺爱，然后再佯装决裂，暗度陈仓？

狗血到恶心的剧情！虽然肥胖阻碍了澄裘坏脾气的底气，但是她毕竟是坏脾气的汪澄裘，发作起来毫不客气。

打开电脑，俞木然就在线上亮着，原来看到他的鲜艳头像总觉温暖，如今只觉刺眼。直截了当地扒皮好了，既然做出如此讨厌的事，他们已经再无发展的可能。

澄裘噼里啪啦打了很多字，大概是说原来他如此疏远她，是看中了她的朋友，早点说最好，何必装疯卖傻玩冷淡？

俞木然没有回复。平日，只要她稍微有动静，他第一时间出现。如今，她挥刀斩荆棘，他只当没看到。

她怒到无可遏制，他真的太可恶。

过了一会，俞木然的电话打来，澄裘还在犹豫接不接。如果按照她的脾气，她一定不会接，任他打个天翻地覆，她也不会接，但是如今不同——也许有误会？也许有隐情？也许只是巧合？而且她还是个胖子——总之，这是复杂难喻的，她，接了。

接电话后，她明显感觉到自己的气短。为了什么，本来满满的自信，突然就消退了，跟她的细腰长腿一起，消失无踪了。肥肉给了我们肥胖的身材，我们却用它来击退自我，真的沮丧，为什么？

复杂的情绪涌上来，有气恼，有羞辱，有不甘，有委屈，纷纷交织在一起，痛苦、伤感、痛恨好夸张，都已经出离愤怒。

俞木然的声音还是那么好听、温暖且感性，他说："你先不要说话，你听我说。"

俞木然似乎很担心这个时候，澄裘会突然发作，比如说狂骂他一顿，或者丢几句伤人的话就挂机。他说："你先不要说话……"

澄裘握着电话，确实没有说话，她等待他后面的话，似乎在等一个宣判，也像在等一个最糟糕的消息。

俞木然说："这件事我本想早点告诉你，可是，我不知道该怎么告诉你，或者说，我不知道应不应该告诉你。"

澄裘冷冷地想：果然，他开始忏悔并坦白了。又一想：何必，他们本来也没有什么关系。即使他是她心里钦点的未来男友候选人，但实际上两个人并没有确定任何关系，他可以随心所欲。自己是不是有些过分了，一个胖子，有什么资格狂吼，又有什么资格盘问、发怒？

可笑的胖子！澄裘想抱着电话哭一场。

也许是因为减肥太辛苦，也许是因为突然变成胖子太无辜，也许是因为本来预设好的爱突然落空太凄凉，也许是为自己自以为聪明的小伎俩搞糟一切太沮丧……总之，她想哭，抱着俞木然哭一场也好啊，可是，一坨哭泣的肉，会引起他油腻腻的反感吧，难道这场面还会动人，还会感人，还会浪漫？只因为多出来的这几十斤肉，这世界完全变了。

俞木然当然不了解这段时间澄裘翻天覆地的变化，也不可能明白此刻她复杂的心情。他握着电话，沉默又克制地说："这件事我一直不知道该怎么说，你不要说话，我只想和你说说来龙去脉。那天我们约去看话剧，你没有来，她来了，也不知道为什么，她突然就不高兴了，离开，之后又打电话给我，问我是不是喜欢她，我不明白这是试探？还是玩笑，若是玩笑，有点大，我不知道作何处理，你知道，她是你的闺蜜。"

澄裘简直无法相信自己的耳朵，张陶芯问俞木然，他是不是喜欢她？

就在那次见面后，陶芯跟澄裘怒吼之后，她们零零散散也对话过，陶芯似乎对俞木然厌恶到极点，澄裘甚至觉得，在陶芯看来，世界上已经再也不可能找出一个男人会比俞木然差劲。

这世界到底怎么了？

俞木然继续讲述："之后，她约他见过一次面，她说起她喜欢的音乐，说起她喜欢的西方作家，黑塞、博纳科夫、卡尔维诺什么的，还说起她的故乡甚至她的世界观，顺便还说到了你——"

澄裘哑然失笑："说什么？说我是个坏脾气，无审美，总被人抛弃的胖子？"

俞木然沉默，没有回答，看来澄裘已经猜中。

俞木然说："当然，这些都不是重点。"

竟然都还不是重点？那重点是什么呢？

俞木然又沉默了一下，说："重点是，在这之后的一个周末，一个凌晨，大概三点钟，我当时已经入睡，她突然打电话，说要见我。"

澄裘问："在哪里？"

俞木然说："一个酒店，离我家不远的酒店，她突然说要见我，就在酒店。"

澄裘说："为什么？"

俞木然说:"我也不知道为什么,总之,她打来电话说要见我,口气是命令,而且说,如果我不去见她,我将永远不会再见到她。"

澄裘倒吸一口冷气。

俞木然说:"我至今不明白,我也不知道该怎么说,这一切——是你为了试探我而设计的吗?"

"当然不是!"澄裘脱口而出。

俞木然说:"你的意思是所有的事情你都不知道?"

澄裘想说,是的,我不知道,我不知情,我一切都不知道。好吧,既然说到这里了,我也可以告诉你,我不敢见你,因为我突然爆肥,我不知道该怎么办,怎么面对你,你会笑我的,你一定说你不会,可是你会的,我太胖了,胖到我无法原谅自己,无法正视自己。但是话说出口,却不是这样的,她毕竟还有尊严,她没有豁出去的勇气,虽然她看上去已经毫无顾忌。

后来她说出口的是:"真的无法相信这一切是真的,我有点累,想休息了。"

俞木然说:"我没有去。"

澄裘说:"什么?"

俞木然说:"我没有去。威胁也好,警告也好,我都没有去。"

澄裘说:"好,知道了。"

挂了电话,本以为自己会崩溃,没想到,大事临头,她却出奇冷静。

7

这件事就像风暴一样来，又像风暴一样走。澄裘也不是没来回思考过，但是无法想通，她没有求证，没有质疑，没有证实，甚至没有再提。减肥一直失败，澄裘的耐心也终于消耗散尽，她不再苛求自己在短时间内恢复正常，甚至，她开始习惯这样的自己。

她迷上了网购，按照最大码给自己购置了一批衣服——民族风虽然无尺寸限制，但毕竟是肥胖的帮凶，看到那些花红柳绿，澄裘还是有些恨意，索性全部扔掉。衣橱里，肥大的衣服们，坦坦荡荡铺天盖地，就像迷人的广告语里说的：胖人也可以fashion。

多么苍凉、无奈，又自我勉励。

胖子不能自暴自弃，胖子要险处逢生，胖子要开天辟地。

一旦解放了自我和观念，澄裘又放开猛吃了一顿，她已然走向不归路，体重欢天喜地一路飙升，她已经完全不管不顾体重秤上那令人惊讶的数字。

一个扬扬自得、心满意足、名副其实的胖子。

有一次，在一个聚会上，澄裘和陶芯偶遇，陶芯当着众多人的面，大笑，说澄裘已经无可救药，澄裘内心攒着毒液，即刻挥洒，以幽默的名义："当然无可救药，难道还要死要活不成？"这话说完，陶芯和澄裘各自转头，分道扬镳。

之后陶芯也主动约过澄裘几次，澄裘一概没有搭理，再往后，陶芯爱上了一个意大利老头，大约比她大四十岁，垂垂暮年，也好歹有个男人愿意爱她，还是个外国人，这个毒嘴剩女该满足了吧。澄裘毫无善意地想。

倒是跟俞木然的关系，突然也稳定了下来，就像她对于自己体态的态度。一旦没有了欲求，倒是可以变得轻松。她不再盼望两个人的关系向情侣方面发展，俩人反而变成无话不谈的朋友。

想是俞木然也已经释然，再说听说了澄裘肥硕到吓人的事实，他也不再有任何盼头，两个人都轻松，关系就这样干干净净了。

就这样，他们始终没有见面，一下就是两年。

<u>8</u>

这两年，澄裘有了很多方面的变化，比如说换了工作，搬了家，经历过一些人情冷暖，间或有三两次暧昧，也没发展起来，她已经完全回归到没有俞木然的世界。

当然，俞木然也已经忘记当初他们即将成为情侣的往事，他们几乎每天都会网上问候几句，深夜工作累了也会聊几句，开开玩笑，一直没有见面，她没提，他也没提过。其实有几次，澄裘希望俞木然提出见一见，如今的见面已经跟当初的目的有所不同，可是毕竟见一面，就算是了却一桩心愿，哪怕见面后再恢复到目前从容又自在的状态，也好吧。

可是没有。

俞木然这两年也有一些变化，他写了很多话剧剧本，大多反应平平。有几次澄裘路过一些剧院，看到简陋的海报，也有冲动进去观赏一下，可是，终于还是因为这样那样的事拖着，始终还是没有走进去，坐下来，好好观赏一下他熬夜创作的辛苦——当初也许因为爱屋及乌，如今不爱屋了，所以乌鸦怎么样她也不关心了——好现实的胖子。

她已经不再欺负自己，不再猛烈地攻击自己，她安然自得，并且发现，其实身边也有男人对她示好。再看看街上很多胖子，身边都有男友死忠守候。爱情与肥胖无关，她瘦弱的年代，不也是总被爱情抛弃吗？如今养得一身肥膘，也没有耽误桃花盛开，也许当年是自己过于敏感，也许俞木然不介意呢？谁又会知道？

但是，在一次体检中，澄裘发现自己各项指标都出现了问题。

肥胖，不仅仅有碍观瞻，且带来各种可怕的讯号，会不会血糖过高？会不会不堪重负？……人生总是不能安逸，刚刚花了两年时间安抚好了伤痛的灵魂，身体又不干了。

还是要减肥。这次真的为健康。

她开始制订减肥计划，从吃素开始，为了健康，想想就有力量，多么朴素的愿望，她不希望自己年纪轻轻便已经有衰老的征兆。

30岁以后，才开始变老吧？她还有几年可以折腾。怎么就突然变成胖子了呢？难看倒是其次，现在竟然出现健康危险的讯号，必须要减肥！更可怕的是，她得到一个老朋友去世的消息。

这位老朋友四十几岁，是一个博览群书的人，经常喜欢招呼一些朋友到他身边，侃侃而谈，乐观得要命，骨瘦如柴，澄裘一直怀疑他身体有问题，没想到真的，他死于癌症。

这对澄裘来说真是双重打击。这天，走在路上，烈日高照，澄裘给俞木然打了电话，说着说着，她突然哭起来。俞木然安慰她好久，却始终没有来探望她的意思，言语上的抚慰是多么的孱弱，幻想中，他至少应该问一句：你在哪里，我去找你。

可是没有。

他只是"烂好人"地不断鼓励她，什么"没问题的"，什么"人总是要离开的，想开点"，如此官方，不疼不痒，仿佛一尊泥胎，可是，作为朋友，为什么要对他有过分的期待？

9

就在2011年底，澄裘走向体重计，第一次看到下降了20斤的惊喜数字。当然，这离当初两位数的数字还相去甚远，但是对于一个胖子来说，这简直是天大的喜讯。

澄裴减肥成功了。虽然还是个胖子，已经是微胖，而不再是巨无霸了。这是有本质区别的，微胖，虽然也并不好看，但至少没人经过又回头怪笑。

微胖，和丰满、丰腴之间有着说不清道不明的暧昧关系。

她剪了一个新发型，感觉自己又可以勉强称为第二眼美女了，至少，在胖子界里，算女神了。

幸好自己底子不错，澄裴见到过更绝望的，本来是个胖子，减肥后却变成名正言顺的丑女，情何以堪——不是每个胖子减肥之后都能变身美女的，一切看底子。肥肉也不是一无是处，当它青睐一个丑女时，还能起到保护作用，当别人注意到你的胖，就不会太注意你的丑。

所有的衣服都变成笑话，又要订购一批衣服，她这些年也结识了一些"胖友"，衣服送她们，她们欢天喜地，拿走衣服的同时都来取经——怎么瘦下来的？

没有吃药，没有仪器，没有运动，只是告别了肉食和甜食，于是就有20斤肉这样主动自觉挥泪告别。澄裴觉得说了也没人信，只会背后怒骂她矫情、心机，这世界蛮复杂，复杂到，简单也会被以为是假装。

她懒得多想。

顺便去查了身体，一切指标OK，她一激动，约了三五个好友去饕餮，最后，心满意足地走在回家的路上，突然给俞木然打了电话，两个人一直聊。澄裘难得开心，一路上竟然一直笑个不断，她的好情绪感染了俞木然，他们就这样一直聊，聊到澄裘到家，忽然，澄裘问："我们不见一面吗？"

俞木然愣住。

澄裘敏感地笑："我随便一说，开玩笑的，不要介意。"

果然，这件事就再次搁置。

他不想见她。他们认识快三年了。

三年前，就差一步他们就能见面，仅仅因为一个小误会，竟然三年后还是没有见成，尽管是那么熟悉了，那么轻松了，他却不想见她，这到底是为什么？是担心她太难看，破坏了心目中的形象？朋友不必计较那么多吧？

哦，朋友，即使是朋友，潜意识里也希望彼此形象好一点吧。多么现实又荒凉的世道！

10

就这样，在 2011 年底，俞木然和汪澄裘来来回回开了几次玩笑，他们仍没有见过面。

有一次，澄裘凌晨醒来，看到有俞木然的未接电话，她回拨过去，俞木然说："如果你愿意，我现在去看你。"

澄裘愕然，抓起表，看到时钟显示凌晨三点。

澄裘不合时宜地开了一个玩笑："不见的话就永远见不到了？"

这句玩笑过于敏感，俞木然沉默了。

澄裘清醒后也有点后悔，不过，是他一直不愿意见面的，报复一下也未尝不可。

还有一次，澄裘在俞木然居住的附近溜达，发了一条微信，俞木然竟然回复说：我现在去找你。澄裘就在原地待了半个小时，却根本没有看到他的踪影——她相信自己会一眼认出来的，因为他们三年内交换过无数的照片，当然，他看到的是她变成胖子前的照片，这有点不公平，但是谁会在乎呢？

她没有看到他。

略有失落，接着接到他的短信，说：出去找了一圈，没找到你。

澄裘几乎要摔掉手机——bitch！什么没找到，他有她的电话，他只需按几个键，花一两毛钱，就可以找到她。

但是他没有。这个愚蠢的男人！

她没有回短信，只觉得无法理解他，水瓶座，变态。

这天，她想发个誓，永远不再跟他联系了，可是有必要吗？不见就不见，朋友而已，况且，她确实少不了他的陪伴。无数个深夜里，谁会熬着一天一天地守候？她晚上失眠，他晚上工作，天作之合，必须成为朋友的。

澄裘又会想：他到底喜欢不喜欢我？虽然这个答案无关紧要，她却很想知道，这个想法不能暴露，一暴露，就会气短，就会姿态凌乱，就会令人发笑——自从她跟陶芯绝交，已经很多年，她感觉自己不被任何人嘲笑奚落了。

真是自虐、有病，竟然留一个如此阴暗毒辣的女人在自己身边。希望她早早被外国人收到碗里，等几年他死了分遗产，这样她就不必半夜要死要活要挟自己到酒店跟她见面。

11

澄裟已经决定把俞木然放在脑后。兜兜转转，猜猜测测，很累，她快要 30 岁，伤不起，已经开始物色结婚对象。

好像她绕了很大的弯路，如今又投入情场中来，不，这次是结婚。她的体重也在逐渐下降，自信也开始重新建立，坏脾气也变本加厉，挑剔的神经更加发达——简直就是冷艳高贵，没救了。

与此同时，她对食物的兴趣也越来越低，吃素让她瘦下来，如今她连果蔬也没兴趣，每天也不再按时吃饭，甚至，她觉得吃饭这件事很讨厌。有时候她会忘记吃，有时候会懒得吃，大部分时间，她抓起一只苹果，一天不再多想。

2011 年最后一天，她如常忙碌到深夜，回家，接到俞木然的电话，问她在哪里，然后他突然说："我去找你。"

听到这句话，澄裟瞬间失落。这句话说得有点晚。

如今，她有男友，确切说，已经有了确定的结婚对象，对方是个优秀青年，有自己的事业，人也很本分，说话用敬语，未语先笑，澳洲留学归来。

但是，不妨碍澄裘听到这句话时候的怦然心动。

"我去找你"——甚至没有询问，没有商量，如此坚定，又如此明确，如果这件事发生在三年前，也许那个忧伤的胖子会沦陷。

可惜，如今，汪澄裘已经不是当年丑陋的胖子，她还原回了她自己，虽然还没有完全复原，但是已经不再有人注意她的体重，这已经是划时代的进步。为谈恋爱没有减下来的肥肉，为健康却减掉了，汪澄裘有时候想起来，觉得自己果然不是生动的人。

就这样，他们终于见了面。

这次会面没有想象中的热闹、激烈、激动，或者浪漫。也许他们太熟了，熟到都没有寒暄，也没陌生感，俞木然没有照片上精神，汪澄裘比照片略丰润，俩人相对无言，笑了几次，俞木然感觉饿，汪澄裘对食物无感，陪他在路边吃了一碗牛肉面。

临走的时候，澄裘拍了拍俞木然的肩膀，仿佛两个无性别的人，俞木然说："今天是最后一天。"

澄裘说："什么？"

俞木然说："明天就是毁灭日。"

澄裘才反应过来，俩人笑了半天，澄裘说："不错，在地球毁灭之前，我们终于见了一面。"

俞木然消失在黑夜里，澄裘突然如释重负。她没有心动，没有欢喜，没有任何异常的感受，甚至暗自庆幸：幸好当年没有选他。比起结婚对象，俞木然显得有些平淡。

后来，俞木然发短信说：看到你很亲切，很想拥抱你一下，没有什么目的，只是想拥抱一下，又担心唐突，作罢。

12

2012 年，地球没有毁灭，俞木然和澄裘也没有再见面。大家都在忙，不光是他们，身边所有人似乎都在忙，不知道忙什么。

澄裘已经在筹备婚礼，她又换了发型，辞掉了工作，与结婚对象吵过几次嘴，感情升温，还结交了更多的朋友，有男性，也有女性，有蜜糖，也有 bitch，但是，因为有张陶芯垫底，无人超越她的限度，澄裘反而变得宽容。

女人的友谊像焰火，当时感觉绚烂，很快就会熄灭，也没什么温度，甚至落下来一地碎屑，令人懊恼不已。男人的友谊好很多，像开在岸边的芦苇，看上去挺丑，也没什么起伏，关键时刻却能做救命稻草。澄裘越来越喜欢与男性的友谊，周遭也突然多出来很多很要好的男性朋友，她有时候也会跟他们谈时事政治，谈环球八卦，谈哲学，甚至神秘学，反正不谈酒店。

俞木然也消失了，他的话剧事业神神秘秘，有时候会显得局促，有时候会很从容，有时候感觉就要激起高潮，有时候又觉得随时会跌落谷底，总之，澄裘也没兴趣多了解。

澄裘忘了俞木然的生日，每年她都觉得自己应该提前祝福他一下，可是每当那天，她总是奇奇怪怪地忘得一干二净，反而是这几年，每年她的生日，他都会冒出来祝福一下。见过面之后，他们的关系倒似乎更加稳定和平淡了，她也不是特别需要他，他也不是特别需要她，但是就像一个老朋友啊，也彼此牵挂，如此而已。

有一天，俞木然突然跟澄裘说，张陶芯依然没有出嫁，但是她这几年一直在张罗礼金，四处宣扬自己要嫁给老外。至此，澄裘才意识到，原来俞木然和张陶芯一直保持着联系，一直有来往——这就变得很奇怪，如此轰轰烈烈的闹剧，不堪的发展，无法面对的收场，他们竟然还能够一直保持联系！她真的很好奇，他们见面吗？都聊什么？还是聊卡尔维诺以及故乡，还是聊酒店以及生死？嗨，澄裘已经无法善意地面对张陶芯，哪怕是一丝的善意，她都没办法给她。

澄裘有一次和结婚对象吵架，当街愤然离开，关了手机，觉得无处可去，竟然溜溜达达到了俞木然的附近，想给他打电话约他出来喝喝茶，吐吐槽，却怎么也记不得他的电话号码，连一个数字都不记得，又不能打开手机——怕结婚对象追魂夺命 call。就这样，拿起公用电话，又放下，再拿起，最后还是放下。

13

结婚的前几天，澄裘还在思量到底应不应该请俞木然来。为什么要请他呢？这是很奇怪的关系。友谊，当然是友谊，她却不愿意把它拿出来暴露在光天化日下，介绍给其他朋友，以及结婚对象。

她也不太愿意跟他谈论结婚的事，不知道为什么，似乎提到这些，有些炫耀的意味，而且明显感觉俞木然对此也没什么兴趣。

有一天，澄裘参加了一个聚会，离开的时候，收到了俞木然的信息：你要结婚吗？

愣了一下，澄裘问：你怎么知道？

俞木然说，感觉得到。

这是什么意思？感觉得到？谁告诉他的？

俞木然说：在我家附近的话，过来坐坐。

澄裘本来没有在他家附近，但是她忽然决定，去坐坐。

俞木然的家比她想象中要干净和宽敞一些，只有独居的男人和一只慵懒的老猫。

两个人坐在沙发上，显得有些尴尬。澄裘很担心俞木然突然

没有相爱的运气·

121

拥抱她，因为之前他说过他有这样的想法，无目的的、单纯的拥抱。但是其实澄裘并不愿意，很简单，她不习惯暧昧，更不愿意偷情——什么时候，俞木然由她的正牌男友不二人选，变成鬼鬼祟祟的偷情备胎？

时间真可怕。

这天，两个人就这样坐在一起，话没多说，就这样晃晃荡荡，澄裘感觉想睡觉，于是打着哈欠离开。俞木然只送她到半路，为她打了一辆车。

结婚那天，澄裘接到俞木然的电话，也没有恭喜，只是说：那天特别想和你一起睡一觉，没有任何目的，也没有任何复杂的想法，就是想这样睡一觉，想想应该是很温馨的事情。

澄裘哭笑不得。

他们认识快五年，见过两次面，第一次他说想拥抱，第二次想睡觉，前提都是"没有目的"，果然好简单，又复杂，变态般的单纯。

澄裘觉得，他们的关系应该结束了，虽然什么都没开始。

<u>14</u>

2013 年的夏天，澄裘接到一个女友的电话，说他们要做一期"男闺蜜"的话题，知道澄裘有很多要好的男性朋友，不知道

能不能约出来做做访问。澄裘一口答应，打算找身边最熟络的男闺蜜出镜，翻电话簿的时候，却不小心看到俞木然的电话。他们已经有一年多没有联系，这一年，俞木然突然红了，他写了一个很卖座的话剧，圈里圈外好评如潮，澄裘已经跟他基本断了联系，她却频频在报纸、杂志、电视上看到他的名字和他的样子。

他有些变老了，松弛、陷落，不太修边幅，已经很像一个"成功人士"了。澄裘忽然改变主意，决定找他。

澄裘打电话给他，本想着应该怎么说服他，没想到三言两语，他便一口答应下来。

这是他们第三次见面，澄裘身着华衣，脱胎换骨，容光焕发，俞木然没有太大变化，除了变老。五年了，五年内，澄裘变成胖子又变回正常人，经历了巨大的变化，俞木然没有变过，同样的发型，同样的淡定，同样的古怪。

他们来不及寒暄，分头行动，她先去拍照，他接受采访，后来换他去拍照，她接受采访，话题就是谈论彼此以及他们的友谊。

最后他们需要拍一些合影，澄裘和俞木然相对而笑，摄影师要求他们放松，做聊天状，俞木然和澄裘面对面，俞木然说："从来没这么近看到过你，真好看。"

澄裘说："我一直很好看的。"

俞木然说："更好看了。"

澄裘说："后悔没有追求我吗？"

俞木然说："我们应该有更杰出的关系。"

然后俩人相对大笑，摄影师 OK 满意，没有人知道他们谈了什么，也没有人知道他们为什么大笑。

那天，俞木然匆匆离开，他现在是真正的忙人，穿梭于各种活动和会议中，甚至没有来得及告别。

2011 年，他们第一次见面。2012 年，地球没有毁灭，他们第二次见面。2013 年，他们因为工作见面。

澄裘在接受采访的时候，那个撰稿人告诉她，俞木然说，她是特别的，对于他来说，她是特别的，她是怪咖，她在冷静与热情之间，她是他特别在乎和重视的。

听到这些话，澄裘忽然感慨良多，翻江倒海的往事汹涌而来。

那天，她一直很伤感。回家的路上，她又接到他的电话，他说："你能来找我吗？"

澄裘说："不行。"

15

照片出来了，澄裘很满意，摄影师技术高超，照片拍得像电影海报。她给旁边的男闺蜜们看，男闺蜜突然问："汪澄裘，你说，男女之间，有真正的友谊吗？"

澄裘说："当然，你我不是吗？"

男闺蜜恍惚说："嗯，是的。"

澄裘好奇："为什么你会这样问？"

男闺蜜说："只是突然看到你们对视的眼神，感觉不仅朋友这么简单。"

澄裘哈哈大笑起来，笑着笑着，又想到撰稿人的话：她在冷静与热情之间，她是我特别在乎的人。

而对于她来说，俞木然是什么样的人呢？说不清，他太难琢磨，节奏和脚步完全是她经验之外的，她无法阐述，也无法总结，更不能理解。

她把照片发给俞木然看，俞木然说："真像一对情侣。"接着他又补充一句，"装腔作势的文艺情侣。"

澄裘说："为什么你总是试图开这样的玩笑？"

俞木然说："什么玩笑？"

澄裘说："2011 年，你说你想拥抱我；2012 年，你说你想和我睡觉。现在，你又说这样奇怪的话。"

俞木然说："我说的都是真的。"

澄裘说："没有什么真和假，你并不喜欢我，大可不必总是打趣。"

俞木然说："我说过，我们应该发展一段更杰出的关系，不是友谊，不是情侣，不是亲人，不是任何……更奇怪一点的关系……"

澄裘冷笑，关掉电脑，在心里，她真的对他告别。

说句现实的，她不过是他的实验品，是他跟平淡生活交锋的道具，是他闲暇无事的消遣，是他刻意营造的浪漫的牺牲品。

无意间，她看到一个报道，关于他的，事无巨细。2008年，他在暗恋一个女明星，屌丝未能逆袭，女明星不可能垂青。2009年，他爱上了几个女学生，兜兜转转，都是地下情，他似乎很得意地沉浸在这些不明确的关系中。2010年，他认识了一个白富美，白富美倾慕他的才华，给他买过很多奢侈品，甚至送他信用卡任刷。2011年，当年他喜欢的女明星过气，寻求突破，回头来找他，他自然全身心奉献，痴情感动上天，他宁愿为她舍命。2012年，白富美离开了他，他伤感难忍；女明星和他没有未来，因为她比他大十几岁，家庭幸福，还有一个儿子。2013年，他成功了，很多女人从四面八方扑来，都倾慕他的才华。

有些关系值得怀念，有些则不，只能怪没有相爱的运气。

也许，反而，是福气。

科　　　伦　　　坡
恋　　　　　　　人

———————————————

N　　O　　.　　0　　6

1

我是在Majestic City门口遇到马科的。

当时我和甜筒刚刚从"突突"车上下来，用生硬的英文加手势，汗流浃背地讨价还价，最后给了司机500卢比，相当于22元钱，换算成人民币一点都不多，可还是感觉肉疼，500元在脑子里形成的巨大错位幻想侵袭了事实上的微不足道，我想可能因为我还没从冰天雪地里的角色转换过来。

二月的北京寒风呼啸，让人瑟瑟发抖，听说热水器的水箱被冻裂，而二月的科伦坡艳阳高照，暖风袭人，就像一个擎天巨人张开大口，呼呼地喘着气。只用了8个小时的时间，我已经完成了这样冰火两重天的极致体验，我想我已经接近崩溃。崩溃的代价是，用冰冷的身体换上火热的短裙，像一条冻鱼被放到火盆上炙烤，滋滋流下的，是化掉的冷汗，在科伦坡的Majestic City前。

我和甜筒几乎是不必约定就打算疯狂购物。

这十几天我们被扔在北部的斯里兰卡，除了每天经历原始丛林般的美景和暴晒，几乎跟城市隔绝，住的是随处可见的民居，吃的是花花绿绿的各种咖喱，甚至开始觉得赤脚行走是一种享受。在北部靠近亭可马里的某个村子，甜筒甚至发现了人间绝境，一丛丛灌木林立，一座座木房相邻，安然悠闲，与世无争。如果在这样的地方住上3个月，应该可以写出翩若惊鸿的好文章……再继续下去，恐怕我俩就会彻底变成原始人。

不需要花钱，不需要进步，不需要思考，不需要努力……我们成功地退化成自然人，每天只需要享受贫穷生活就可以。这不是开玩笑，一碗咖喱饭3—5元，丰富一点的也不超过15元，100元又变回了多年前的100元，而不是如今忽然就会不见了的零钱。咖喱饭的饭量十足，可选的配菜伴侣极多，一天吃一顿不会再饿，难怪斯里兰卡的女人都是丰乳肥臀，肥沃丰硕。安逸的生活和肥肉总是亲密战友，我想不出半年，我也将变成米其林妇女，黝黑、粗壮，跟爱情和时髦同时 say goodbye。

离回程还有3天的时间，我和甜筒终于鼓足了勇气，离开了让我们倦懒的北部，回到了科伦坡，Google 到了市中心的酒店，坐上"突突"车来到 Majestic City。

2

我是在 Majestic City 的门口遇到马科的，当时我跟甜筒正准备脱离原始的人类生活，进入商场买点东西。已经有整整半个月，我们忘记了人类还有购买的需求，且这个功能曾经是我们的主要娱乐生活。我们俩像是被刚刚解救出来的大猩猩，四处张望，好奇欣喜，跃跃欲试，因为被囚禁了好久，所以用力过猛，要拼却一切去购物，眼里不再有其他的重要事情。

马科跟我打招呼，问我们来自哪里，我们以为他是一个推销员，也没太在意，礼貌地微笑，然后迅速离开，没想到马科竟然开始跟踪我们。当我发现他在跟踪的时候问他为什么这样做，他无辜地耸耸肩说："因为你很漂亮。"我竟无言以对。

在异国他乡，遭遇马路求爱者，该高兴还是苦笑？穿过商场的镜子，我故意照了照自己，连日的暴晒已经让我如同炭烧，这样的我也可以得到"你很漂亮"的赞誉？心有戚戚，却也得意，所有功能同步退化，包括"爱"和"购买"，逐渐恢复的同时，警惕心也消失不见。我甚至觉得马科很友善，很坦率，微笑之国，到处可见单纯的笑脸，如同那天马科的表情。

甜筒在二楼的甜品店点了饮料和糕点，马科坐在我的旁边，用流利的英文跟我交谈。我大概知道了关于他的二三事：他就住在科伦坡最繁华的街上，有一个哥哥和一个姐姐，都在国外，哥哥在佛罗伦萨，是个建筑设计师，姐姐在西班牙，正在读博士，他本人也是个艺术家，具体从事什么职业也没说。他不用手机，没有电话号码，在一张菜单纸上写下一个地址，说想邀请我们参加晚上的派对。

是什么派对呢？马科说，是一个很棒的派对。

我毫无理由拒绝，刚刚逃出原始森林的猛兽，接到派对的邀请，喜形于色，几乎立刻就答应了。于是马科跟我们约好了时间，约好了碰头的地点，彼此又确认了参与的意愿，就这样，大家很愉快地告别了。

3

斯里兰卡真是一个热情的国度，像我和甜筒这样的异国女郎受到了前所未有的善待。在这个中国人并不多的国度，走在大街上，几乎人人都跟我们打招呼，不管是老人还是小孩，男人还是女人，满满的爱意包围着我们，平时警惕性极高的我们，神经得到了前所未有的放松，被拿到阳光下炙烤的冻鱼终于化成柔软的水母，舒展筋骨的同时，也释放出了信任和对等的善意。

我和甜筒疯狂购物一小时后，回到酒店，梳洗打扮，像是洗掉浑身的泥土一样。接下来，我们是最耀眼的派对小姐，我们拥有异国的身份，有对大家来说神秘莫测的面孔，我们将认识很多新的朋友，甚至可能会遇到喜欢的人，想想即将发生的一切，令人激动不已。

可是，事情并不如想象中的那么顺利。到了约定的时间，马科没有来，我和甜筒不免有点失落，虽然之前在心里会掠过一丝危险的警告，可是对于两个刚从"原始丛林"解放出来的"都市小姐"，有什么比一场激动人心的派对更让人心动的呢？但是，对于一个马路求爱者的话，也许并不应该太当真。

在约定的时间过去半小时左右，确定马科不会出现的同时，我们决定去吃点东西，一次从天而降的邀请，悄无声息地消失也算正常，但是我们的肚子饿了。

于是两个浓妆艳抹却被放鸽子的派对女郎，走出酒店，在科伦坡最繁华的街道上边逛边找餐厅，所到之处，收割所有的目光。女人在欣赏我们的裙子、高跟鞋和口红，男人们在欣赏我们在夜色里被渲染得夸张的"异国情调"，不管怎么说，精心装扮自己总不会浪费。

我是多么喜欢斯里兰卡的服饰，女人们曼妙的身姿都被装进包裹得恰到好处的沙丽中，深色皮肤弥漫着神秘色彩，艳丽的裙子和配饰画龙点睛，满街都是美人，又如此人畜无害地挂着微笑，之前我们努力维持的"高冷"变成笑话。我们被传染了，一路上说说笑笑，见到谁都忍不住微笑，在北部被挤压的原始的热情现在全部释放在科伦坡。

在一个服装店，穿着高跟鞋的甜筒终于走不动了，坐在一边喝饮料看风景，我则在不知疲倦地试衣服。有个英俊的男店员悄悄问我："你的朋友为什么不喜欢衣服？"我开玩笑："她太穷了。"店员露出了很遗憾的表情，我继续开玩笑："100卢比可以把她领走，OK？"店员几乎马上就要掏钱给我，我拉着甜筒大笑着扬长而去，店员追着出来，一脸失落。

在一个夜幕下的简陋餐馆，我们停下来去吃晚餐，但是菜谱我们都看不懂，不知道吃什么。一个斯里兰卡男人跟我们拼桌，他在吃咖喱饭，这几天咖喱对我们来说就像洪水猛兽，再也不想看到它了。甜筒说，她想吃一碗牛肉面，而我想吃点炒菜……就在我们对着菜谱研究的时候，马科不知道什么时候坐在我们面前，我一抬头，正好看到他那张毫无所谓的笑脸。

4

这样意外遇到马科非常不可思议，马科问我们为什么在这里，他找了我们好久。

先发制人？我还没有质问他为什么爽约，他讲了一大堆，大概的意思是他在约定好的时间到达，可是我们不在，他就去酒店的前台问，前台告诉他，我们在半小时前就已经离开，去向不明。

难道是我们记错了约定时间？可是怎么会这么巧在这里遇到？马科说，他就住在这条街上，这条街上的每一个店铺他都很熟悉，所以，他就沿着酒店出来的方向一直找我们，果然找到了

133

我们。他脸上竟然有点失而复得的喜悦。

我们的对话被旁边拼桌的男人听到，他在手机上打了一段文字给我看，他说，他觉得这个男人有点危险，建议我们不要跟这个男人对话，如果有什么麻烦，让我们联系他。

我看着因为寻找我们满头大汗的马科，又看着神色紧张的好心拼桌大叔，忍不住大笑起来。我好喜欢斯里兰卡人。

走出餐厅，一辆车停在我们面前，是马科的朋友利奥，他开车带我们去派对。利奥比马科显得成熟一些，有成功人士的标配——大肚子，虽然也有"微笑国"的笑容，眼神里却多了一丝戒备。他曾经在中国工作过几年，做蓝宝石的生意，能听得懂一些简单的中文，跟我们愉快地聊起四川的美食和云南的美景。我们说起刚才吃的并不满意的晚餐，利奥当下就调转车头带我们去了一家中国餐厅，在熟悉的汉字餐单里，我们欣喜若狂地看到了水煮鱼、锅包肉、牛肉面……

这家中国餐厅在科伦坡算比较高级的，几个菜一顿消夜下来，七八百元消失，但是吃到了久违的美味，我们还是很开心，一路上说说笑笑，很快就熟悉起来。马科对我表现出特别的热情，一直在跟我攀谈，虽然大家都没有使用母语，但是表情、动作、简单的对话，彼此还是能了解。马科说我是他见过最聪明的女人，我觉得这句话比"好看""漂亮""迷人"更受用，后者更多是赞誉，前者才是肯定。

吃饱喝足，谈笑风生，一路开车，我们来到了一个酒吧。这座酒吧极具南亚风情，大树叶遮蔽，木房，幽暗的灯光，微笑的斯里兰卡情侣，一切显得静谧美好。

"party在哪里？"我忍不住问。

马科说："派对的时间过了，现在只能喝啤酒谈人生了。"

有点可惜，不过确实，已近凌晨，斯里兰卡国大部分人已经入睡，深夜的精灵们，这里分布得比较少。

因为蚊子太多，影响了欣赏室外夜风吹拂的卡座的心情，我们转移到室内，喝着酒吧老板亲手酿制的啤酒，真的开始聊人生。

5

马科说，在科伦坡，像他这样年近30岁还单身的人很少，大部分人未成年已经开始张罗婚事，而且他也不工作，不是不工作，是阶段性的工作，这段时间正好他不工作。我问他为什么会这样，马科想了想说："我喜欢这样的人生。"

中国最流行的话题之一就是星座，马科是水瓶座，有这样的人生观倒也不奇怪。

利奥似乎就不认同马科，他是个十足的生意人，总是在谈论他的蓝宝石生意，聊进出口、贸易，以及那些我们听不懂的渠道、宝石的分类，内容严谨又乏味，完全配不上这迷人的夜色和超棒的啤酒。甜筒礼貌性地在倾听，几次神情略失落，我有点感谢马科，他的存在让我不用去应付那些让人打瞌睡的话题。

突然，马科对我说："你愿意嫁给我吗？"我吓了一跳，然后狂笑不止。说好的自由自在呢？

马科说："你不相信缘分吗？"

我说："我信，可是缘分不是马路上遇到一个女人就求婚，这是开玩笑。而且，你不怕我是个杀手，不怕我是个贩毒组织的卧底？不怕我是个骗子？"

马科哈哈大笑，他深情款款地看了我半天，说："我喜欢你的幽默感。"

在酒精和他深情眼神的注视下，我差点把这句话当真。

当然，后来我们又开始谈起艺术，谈起旅行，马科不徐不疾，谈吐不俗，气质慵懒，思维敏捷，还能随时随地奉上幽默感，真是个聊天的好伙伴。

结账的时候，马科很诚实地说："我最近没有收入，没办法买单。"我跟甜筒对视，气氛有点尴尬，我们犹豫着刚要拿出钱包来结账，利奥把账单拿过去，买了单。

这天的凌晨 1 点钟，当利奥开车送我们回酒店的时候，科伦坡的街头几乎没有人，二月的暖风吹得我们心旷神怡，想想二月的北京，正在忍受冰天雪地的侵袭，一下子觉得跟岁月借了点小确幸，充满了感恩。

到了酒店楼下，我们正要道别，利奥忽然问："我们可以去你们的酒店房间吗？"

6

说真的，虽然这一夜我们喝着啤酒畅谈人生，彼此觉得很熟悉，可是毕竟是异国他乡，毕竟是凌晨，毕竟是孤男寡女，我们被斯里兰卡洗刷掉的世俗心这一刻又还原回到体内，天然的警惕赶让我们说："sorry，太晚了，不太合适。"

利奥不太明白，他说："我们只是上去坐坐，你们很介意吗？"

我看了看甜筒，内心的挣扎和对于一份友善的礼貌回应让我觉得很难决定，甜筒心不在焉，对这件事不置可否。利奥再一次申明他是友好的、善意的，也只是希望跟我们多交谈几句，我建议我们就在楼下或者酒店的大堂继续聊，利奥毫不掩饰自己的失望，他追问我为什么会拒绝让他们去房间里坐坐？

我想了想酒店其实也很安全，前台和保安都在，他们能怎么样呢？大不了大门敞开，随时报警。于是，我们答应了他们的要求，带他们到了我们的房间。

7

我们住的酒店在科伦坡最繁华的街道上，酒店设施很好，房间也很大，而且带一个小型的阳台，推开房间门，站在阳台上，可以拥抱星空和夜色。

科伦坡恋人

·

137

利奥和马科到了我们的房间，立刻就发现了这个阳台，他们带了罐装的啤酒，站在阳台上边聊天边喝酒，刚才一直绷着神经的我们一下子放松下来，又同时为自己内心里隐藏的阴暗感觉内疚。在斯里兰卡，是不是所有的人都怀有善意？而我们一直处于怀疑、警惕、紧张、防范状态，跟他们笑着喝啤酒聊人生的心态相比，我们更像是兜着野猫的女巫，我想我们的眼神都是不干净的。

甜筒在敷面膜，我跟利奥、马科站在阳台上喝啤酒，这时候马科忽然问我："你考虑好了吗？"

我吓一跳："考虑什么？"

马科说："接受我的爱，留在科伦坡。"

我哈哈大笑起来，说："对不起，我喜欢钱，我要嫁给富豪，而你连一杯啤酒的账单都付不起。"

马科一脸认真地说："那是因为这段时间我没有工作，如果需要钱，我会立刻工作，钱总是会有的，缘分却不是。"

我愣了一下，他说得真好，钱总是会有的，只要去工作，但是缘分，缘分确实不是想有就有的。

利奥给我们看他女朋友的照片，是个超级漂亮的斯里兰卡女孩，高挑秀丽，穿着让我着迷的斯里兰卡传统的裙子，大眼睛像一汪神泉，流露着清澈的粼光，阿拉伯神话里的女神应该就是这样的吧！利奥看着女朋友照片，久久，久久地凝视，嘴上带着满足的微笑，这样憨厚、踏实、善良的人，就在一刻钟之前，我还怀疑他是否有可能入室作案。

我们终于聊起了这次旅行，从北部风光聊到美食，利奥说："你们居然没去康提（KANDY）？你们竟然不去康提？"说真的，我们来到斯里兰卡之前，对这个国家，对它的城市一无所知。利奥提醒我："中国人最喜欢的大象孤儿院，你们都不知道吗？"

我想起去年一个朋友送我一个记事本，是由大象的粪便做成，因为有洁癖，这个本子我一直不太敢用，想到那些孤独的大象被收留，心里还是有爱，可是当我来到斯里兰卡，竟完全没有想到这个著名的景点。

利奥非常肯定地说："必须要去康提！必须。"

马科还沉浸在情话中，他用他深情的眼神和缓慢的腔调说："我可以陪你去康提。"

我解释说，我们后天就要离开，而且去康提需要3小时车程，一天来回的话，时间过于紧张了。利奥说："这根本不是问题！我有车，我可以开车带你们去。"

我第一反应就是："我要付钱吗？"

利奥说："当然不用，我开车，带你们去看看美丽的康提。"

Wow，天啊，这简直，已经是无法用言语和文字来表达的美好，我只想大呼一声：Wow!

_8_

约好了康提之行，利奥和马科清晨 6 点钟在酒店楼下等我们。

其实他们离开的时候已经凌晨 3 点，马科说他一夜无眠，问他为什么，他说因为遇到了生命中的天使。我也已经习惯了这个科伦坡男人的说话方式，永远在说情话，永远深情款款，永远深情注视。可惜他对面是一个来自"怀疑国"的理智小姐，所以每一次的注视都被绕过，每一句情话听完就算，这种奇异的冲突感反而让这种感觉逐渐发酵，就像一颗被藏在泥土里的种子，压迫感反而令它有了生存的欲望。

临行前 10 分钟，甜筒忽然爽约，她来了一件必须马上完成的工作，只能抱憾不能前往。我跟马科在路边的早餐店喝着红茶等待利奥，利奥把车加满油，我们就出发了。

这一路，阳光、笑声、歌声，一直没有间断，利奥特别开心，不断跟马科用斯里兰卡语交流，三个没有睡觉的人兴奋满满，完全没有睡意。但是这个情况只持续了一个多小时，后来我开始被睡意席卷。我坐在副驾驶座，马科在后面，几次从后视镜里看到他正跟我凝视，嘻嘻一笑，我回头去，看到他悠闲地耸肩，这些小默契一度令我怦然心动。情话说多了也许就会当真，尤其是逐渐渗入，慢慢相处的这种情感。

我被困意席卷，不知不觉睡着了，醒来的时候发现我前方的车窗被一块锡纸挡住。利奥说，刚才我睡着了，马科说太阳会把我晒伤，所以悄悄贴了这个防晒膜给我。不仅如此，口干舌燥的时候，马科又递来了水让我选择，他买了啤酒、可乐、矿泉水，真是周到仔细。

快要抵达康提城的时候，路遇一个废弃的火车道，利奥问我要不要拍照——他真是太了解我了，我兴奋地跳下车，在废车道旁边搔首弄姿，马科帮我拍照，拍完之后我看了一下撇嘴表示不满意，利奥说："我来。"

利奥真是摄影高手，他可以找到我最好的角度。我教训马科，说他没有艺术气质，马科有点伤心，说练习一下也许灵感会跑出来。我们三个一边开车一边拍照，小睡了半小时的我又生龙活虎了，当然最开心的环节是自拍，每当我举起手机对准自己，利奥和马科都会凑进来合影，谢天谢地，他们的黑衬托了我的白，我很满意，参照物太善解人意。

中间我们吃了一顿标准的斯里兰卡午餐，又是咖喱餐，马科和利奥很自然地用手吃，我仔细研究了一下他们的吃法，他们是用一块饼夹着菜和饭一起吃，吃到最后，盘子里干干净净，居然一点油渍都没有。

就这样，我们一路欢乐，来到了著名的康提。

9

康提真不愧是斯里兰卡的名城，沿途风光极美，跟北部不同，这边似乎更加浓烈、绚烂、热闹。

在大象孤儿院的门外，我看到了一辆辆的巴士车和一张张熟悉的同胞的面孔，来到斯里兰卡，大家似乎都松弛下来，居然互相主动打招呼，在国内应该不会有这样的热情。

大象孤儿院的门票要人民币 100 元，我没舍得进去，因为对大象没有特别的感情，而且去年在芭堤雅，坐在大象的背上，不小心往身后一看，大象一边走一边在排泄，那种情景让我永生难忘，加上粪便记事本的故事，我很难不把大象和巨吨排泄物联想在一起……

离开了大象孤儿院，我们又去了一个佛牙寺，一个庄严的皇家寺庙，据说是因佛祖释迦牟尼的牙舍利子存放此处而得名，当地人免费，其他游客 1000 卢比。马科忽然开启了导游模式，跟我讲这座寺庙的历史、故事、八卦，我有一大半没听懂。他确实博古通今，学识渊博，连每一个柱子的传说都知道，而且他极其有耐心，每当有需要注意或行礼的地方都会提醒我。斯里兰卡的寺庙大多要求游客脱鞋，马科一路帮我提着鞋子，我光着脚走在后面，恍惚间觉得他就是我的恋人，如此安全，如此体贴，满眼满心都是我，看着我的眼神干净无瑕疵，让我觉得我就是他王国里的公主、唯一统治者。更重要的是，一个不以结婚和世俗为生活目标的人忽然为我放弃信仰，说不感动一定是假的。

朝拜完毕，离开寺庙的时候，迎面看到一个美丽绝伦的小女孩，我忍不住过去跟她合影，马科抢着帮我拍照，说自己的艺术细胞已经悄悄萌生，这次他拍出来的照片虽然不尽如人意，不过总算也过得去。

小女孩离开的时候，我不断感慨女孩的美貌，自带眼线和浓密睫毛的斯里兰卡血统真让人嫉妒，利奥说："她不是斯里兰卡人，是伊朗人。"

我们去康提买了斯里兰卡最著名的红茶，这里也有很多中国游客，当利奥和马科帮我问询价格的时候，旁边的一个游客说："好棒，你有斯里兰卡的朋友。"我有同感，陌生的缘分，只需要抛除警戒心就可以获得的友谊，如此温暖人心，但可能大部分人在遇到马路求爱者的时候，都会第一时间吓跑甚至报警。

离开红茶工厂，马科忽然给我一罐红茶，我问他这是什么？他说这是科伦坡人最喜欢的口味，是他送给我的礼物。

我有一点感动，他是个没有收入，连一杯啤酒都买不起的快乐单身汉，却可以买一罐并不便宜的正宗斯里兰卡红茶给我，我不知该如何感谢。

夕阳西下，在一条不知道名字的风情万种的街，我们三个又开启了拍照模式，街市上、路边、巴士站、酒吧门口……走过这么多国家，那么多次旅行，我记不起哪一次有这样开心。我完全像个得意女王，跟着两个最忠诚的保镖，一路招摇过市，最重要的是，这两个人一个像兄长一样深沉厚重，一个像恋人一样无微不至，天下没有更完美的画面了。

10

　　在那条风情万种的街的一个高级餐厅里，我请利奥和马科吃了一顿非常昂贵的晚餐，餐厅的环境非常好，有烛光。

　　利奥和马科也用起了餐具，两个人很绅士地交谈，我则愉快地看着街景喝啤酒，一边在电话里给甜筒描绘着康提城的绝美，甜筒后悔得肝肠寸断，连连呼喊，可惜，我们已经没有时间再来一次了。

　　回去的路上，依旧是利奥开车，我还是坐在前面，马科在后面，我们大声唱歌，一路欢笑，我觉得自己有点醉意，但是微醺的状态和开心最相配。

　　马科在路边又买了几罐啤酒，一路上我们一直在喝酒，马科问我康提怎么样，我由衷地说："这是我见过最美的城市。"

　　后来画风有点不对，马科逐渐喝醉了，他表白了半天之后，歪歪扭扭靠在座位上睡着了，我喊他一声，他睁开眼睛说："I love you, but……"然后就又睡着，我跟利奥对视狂笑。

　　安静了一会，利奥忽然问我："你真的觉得我女朋友很美吗？"我说："当然，这是我见过最好看的斯里兰卡女孩。"

利奥说："我也这样认为。"

我说："为什么今天不把她带来？"

利奥说："因为她在另外一个世界里。"

我吓了一跳，酒一下子醒了。

利奥若无其事地说："她离开这个世界已经两年了，这两年，我只是觉得她睡着了，她会醒来的。"

我不知道该如何安慰这个憨厚的、深沉的人，原来我的预感没错，他眼神里的复杂不仅仅因为在中国的浸染，原来还有一段伤心的故事，不知道是酒精催化还是我感情过于夸张，在沉默了片刻之后我竟然哭起来。

利奥反而安慰我，说："生命就是这样的，她只是跟我们不在同样的世界里而已。为什么要哭呢？"

说得多么动人，斯里兰卡的哲学，她只是不在我们存在的世界里，为什么要哭呢？接下来，就是沉默的一路，间歇利奥换了几首歌，但是我们再也没有话题了。

11

送我回到酒店的时候，利奥和马科没有再提出"上去坐坐"。只是到了楼下，当我打开车门，马科终于醒过来。

马科说："你明天就要离开科伦坡？"

我竟然有点恋恋不舍，如果早点认识马科和利奥，我们的斯里兰卡之行会不会更加丰富？如果每一天每一个城市都像康提这么美好，这又将是什么样的记忆？

利奥说："我要去看看那个缺席的甜筒小姐，跟她告个别。"

利奥离开之后，只剩下我跟马科站在酒店楼下的马路上，忽然觉得千言万语不知道该说些什么，很害怕他再一次很认真地看着我说那些情话，我担心自己真的会认真。

马科看着我，缓缓地说："美丽的小姐，认识你之前，我从来没有这样心动过，从没有认真考虑过要为一个女孩去重新规划自己的人生……"

我点点头，说："我知道。"

马科说："那么，我们这一次相遇是命中注定的缘分，请你支付这趟康提之行的全部费用。"

我吓了一跳，仿佛不敢相信自己的耳朵，一秒前他还在表白。

我说："你说什么？"

马科认真又深情地说："我说过，我要重新开始工作，我之前就是一名合格的导游，这一趟私人之旅，您需要支付往返车费、解说费、酒水支出费，总计30000卢比。"

我简直说不出任何话，所有的美好瞬间变成笑话，我在震惊中换算着人民币和卢比的汇率。

马科还在无限深情地说："我爱你！"

可　惜　你　是

水　　瓶　　座

_____

N　　O　　.　　0　　7

这是一个悲壮的故事。

Z小姐最近正陷入痛苦中。

这是个狮子座女生，长得粗眉大眼，很是精神，用我朋友的话来说，胶原蛋白好丰富。没错，她有一张像刚剥壳的煮鸡蛋一样娇嫩的脸，五官匀称，睫毛很长，似笑非笑，浑身上下带着一种优越环境下所特有的骄傲和星座气质外露的尊严感。

Z小姐一看就是个好姑娘，眉目清秀，坦坦荡荡，具有爱你就会死心塌地对你好的那种霸气。全然不是那种"你爱我吗？你会给我花钱吗？你会比我爱你更多吗？你爱我怎么表现出来？你到底值不值得我爱，我可别亏了"的那些小家子气的伎俩女。

但Z小姐正陷入痛苦中，痛苦的原因是，她爱上了一个晃晃荡荡的老男人，并且勇敢地表白，结果……没有结果。

Z小姐很不明白，为什么她只是要一个回答，他却沉默？

时光倒退10个月，这10个月中，他们见面的次数不会超过10次，几乎每一次相遇，他都会以一种意外又惊喜、略带文艺的腔调对她说："咦，又是你。"Z小姐就想起张爱玲故事里的：咦，原来你也在这里。

Z小姐不是多情狂魔，也不是表白爱好者，在她的日程表里，她最近甚至根本没有打算谈恋爱，因为确实太忙了。但感情这种事本来就是莫名其妙，说来就来，在这样一次又一次在不同场合遇到他，一次又一次被他提醒"又是你"之后，她的心里好像开始长出不太一样的花朵果实。

Z小姐终究还是一个单纯到相信"缘分"的人，她就像是窝在阳台上睡懒觉的小猫，本来无欲无求，却在正午时分遇到了阳光的照耀，周身被晒得热烘烘的，忍不住睁开眼睛看了看，这一眼，它看到了生命中的太阳。

当然，如果猫可以控诉，我们这些"明智的局外人"会忍不住提醒它：阳光没单单照你，多情什么你这只死猫？

可惜猫不会控诉，Z小姐也没来得及通知"理智"到场，糊里糊涂的，123456789回"偶遇"之后，她开始相信"缘分"，开始自我催眠，认为他就是命运推着购物车给她送过来的真心年度大礼。

好开心，天降奇缘，命中注定遇见你，原来你也在这里，缘分妙不可言……储存在Z小姐青春到青春尾巴中的这些年的陈芝麻烂谷子的爱情狗血剧情全部在这段时间纷纷翻涌而来，刺激着

Z小姐的感情神经，不断地给她暗示：就是他，他来了，他不一样，他真棒！完全忘了他瞌睡脸，四环素牙，大脑门秃顶，手脚不太协调，年纪还太大这件事。

Z小姐开始主动跟他打招呼，他来者不拒，他们交换了电话号码、微信，互相关注了微博，成了彼此朋友圈的点赞党。

Z小姐兴致勃勃，催眠自己的同时，变成情报收集专家。她关注他的一举一动，吃什么喝什么，就差翻开马桶看他尿什么拉什么。她总结他的个性，研究他的星座，测算他的骨重，拿他照片四处找人评判他的面相，摇卦算他们的缘分，根据他朋友圈和微博的发布频率来判断他一天的心情——她就快变成他的体外小蛔虫。

不仅如此，她还希望他能够不用那么辛苦就了解自己的点点滴滴。吃什么喝什么全拍给他看，就差没掀开马桶把尿什么拉什么也拍给他看了。她总结自己的个性，把狮子座的女生特点拷贝给他看。她用各种美图软件把自己的照片P成女神一张一张发给他，为了怕他混淆，还特意标注上拍摄日期，让他注意到1号早晨的她和2号晚上的她表情上的变化，也让他存储的时候不至于把3月的她跟6月的她排错顺序。

她把摇卦的网址发给他，并且把自己摇的结果附加上，还要问他摇的结果跟自己是否一致。为了表达自己的情绪，故意在朋友圈和微博按照设计好的频率去发布，她除了变成他的体外小蛔虫，也变成了他的人肉小指南——轻松了解一个女生的点点滴滴之捷径篇。

可是，他反应不大。

除了没事就点赞，他几乎没有给她留言过，哪怕只字片语或者一个合情合理的表情，都没有过。哪怕是她给他单独发过去的图片，单独晒的状态，单独留的言，他也能不回就不回，实际上基本没回过。

但是，他却点赞。

这让 Z 小姐百思不得其解，如果说点赞和留言之间隔了一条小溪吧，那么点赞跟私聊之间，岂不是隔了一片波澜壮阔的瀑布？

也许是他太忙了。Z 小姐安慰着自己，可是渐渐的，她觉得不太对劲，回个话很难吗？如果反过来，他跟她说话，给她发照片，她就算是在登月的路上，也会飞回来先回复再离开吧？

不行，不能这样，爱情不应该是这样的，爱一个人不该如此计较。Z 小姐很快做了批评和自我批评，严肃地对自己进行了惨无人道的批判。她重新收拾起略微阴沉的情绪，回到阳光底下，继续她的恋爱之路。她主动跟他打招呼，不管他是否回复，早晨说早安，午间说午安，晚上道晚安，像个永不掉零件的小闹钟，她始终充满着热情，不去计算得失，不去计较失衡，她相信缘分，她相信真爱无敌，她喜欢他。

她看韩剧，听情歌，转发心灵鸡汤，每一个桥段都像为她准备的，每一句歌词也是为她量身定做的，每一句话都好像为了安

151

慰她而写出来的。她挑出一些认为可以触动他的东西转发，比如说，"在这个世界上，有一个人能让你愿意 24 小时牵肠挂肚，时时刻刻惦记关心，能够遇到这样一个人，首先你应该要感谢命运"。——感谢他大爷！总有那么多善解人意的傻子写出这么多善解人意的句子，感动着像 Z 小姐这样美丽的、心灵布满阳光的善良姑娘。

　　Z 小姐就这样忙着做感动别人和自我感动的巨大工程，可是他像古堡之外的幽灵，除了点几个桃心赞，几乎没有任何反应。他的朋友圈更无聊，除了转发一些热点新闻就是各种聚会图片，酒杯挨着酒杯，声色犬马，再不然就是一些长得跟他一样着急的狐朋狗友们的合影，胳膊挨着胳膊，牙花子挨着牙花子，各种牙缝子里的韭菜叶也偶尔出镜。这些，都是 Z 小姐翻来覆去的失眠夜里烂熟于心的内容。

　　就这样，也不知道过了多久，Z 小姐的感情始终没有起步。

　　怪谁？你猜。

　　再强大的单恋，如果一直得不到对方的回应，也不会一直朝气蓬勃下去吧，Z 小姐渐渐有些身心憔悴。他到底喜欢自己吗？如果不喜欢，那么为什么每次见面，他都会如此惊喜和惊奇，或者说，如果他对自己没有好感，他怎么会注意到自己？茫茫人海，每天各种擦肩而过，为什么他会注意到自己？

　　但是，如果他喜欢自己，为什么不让他们的关系更进一步？为什么不告诉自己，为什么不伸出一根橄榄枝？她不知道。

就这样，在"他喜欢我吗？""他喜欢我""那为什么？"这三个状态中，Z小姐从身心疲惫变成了精神恍惚。

不愧是敢说敢做谁怕谁的狮子座，Z小姐在短暂的迷失之后，做了一个重大的决定——她要表白。

这可不是开玩笑的，对于一个狮子座来说，最无法忍受的，可能就是不明不白的含混吧，哪怕遇到一个疯子拿着枪逼着自己问你到底爱不爱我，不爱我崩了你，也比躲在这里猜测你爱我、你不爱我、你不爱我你爱我好得多吧？

表白之前，她也不是没做功课，她早就知道他是个不可理喻的水瓶座，她已经把跟水瓶座有关的一切资料都看过，可她还是觉得不够。他真的很奇怪，不愧是地球人无法忍受的水瓶座，他嬉皮笑脸，又深沉内敛，他荒诞不经，又传统古板，他遇到了她，可是他像没遇到她一样，她只是他微信里多一个少一个都没关系的美少女头像吗？不知道。

一切都不知道。

在表白之前，先主动让他们的关系走近一步吧。

各种恋爱秘籍中都教女人不要着急，要忍耐，等他先开口，等他先走一步。可是，Z小姐等不及，他不是正常男人，他是水瓶座，水瓶座是最不按常理出牌的怪胎，拿一般的恋爱理论来套他，肯定没戏。认定这个现实后，Z小姐决定主动出击。

先是以工作的借口约他吃饭。她翻遍了资料找到了一个听上去像模像样的借口，以工作为借口，就会掩盖住自己"主动邀约"这个事实吧？她忐忑不安地发出了邀请，他很快就接受了，不多不少，就一个字：好。

吃饭的时候，他真体贴，帮她倒水，给她夹菜，问她爱吃什么就把什么菜放在她旁边；陪她说话，讲冷笑话给她听；夸她皮肤好，个子高，说她阳光，正能量；偶尔他的腿不小心碰到了她的腿，还赶快收回来，像个不折不扣的风趣君子。

Z小姐完全沉醉了，她竟然还怀疑他到底喜欢不喜欢自己，这还用说吗，看他的眼神，看他的表现，看他的热情，看他的反应！Z小姐满脑子都是关于水瓶座恋爱倾向的分析，分析里说，如果水瓶座对你没兴趣，是连看都不会多看你一眼的。

心花怒放。

Z小姐认为自己已经判断出对面这个水瓶座男人的心态，就像一个间谍已经掌握了充分的谍报，她有心怀鬼胎胜券在握的快感。在这样的快感的冲击下，理智再一次溜出去散步，Z小姐藏也藏不住自己的兴奋，笑得见牙不见眼，只等饭毕直接表白。

可是，她没得逞。

事情是这样的，饭吃到一半，他突然接了一个电话，说了好久，他的脸色从蜡黄色变成绛紫色，又从绛紫色转为红薯皮色，再转到黑炭色。总之，转了一圈重口味色盘后，他皱着眉头说他的朋友出了点事，得赶快过去帮忙，今天到此为止，就不能送Z

小姐回家了。Z 小姐当然不会介意。他说完就走了，不但没有送 Z 小姐回家，连单都没有买。

"恋爱"中的 Z 小姐当然不介意这些细节。她买完单，踩着为约会而穿的 10 厘米高跟鞋走在风中，靠打车软件才叫到一辆出租车，半路上又忍不住发消息问他朋友那边是否平安，他没回。

他没回，一个字都没回，整个晚上，Z 小姐抱着手机，都不敢去洗澡，生怕离开一会儿，短信来了听不到而耽误了回复让他担心。就这样，在焦虑的等待中，天亮了。

他就像失踪了一样，既没有回复 Z 小姐，也没有报个平安，甚至好几天也没有更新朋友圈，也没有发布微博，甚至都没有给 Z 小姐点赞，他怎么了？谁知道。

Z 小姐陷入了恐慌中，不断地回忆那天吃饭的内容和他脸上转换莫测的表情。他是出事了吗？她脑中浮现出各种黑帮打打杀杀的场景：他朋友一定出了大事，他一定是两肋插刀去为朋友帮忙，然后他们发生了什么，遇到了什么，是不是处理好了，难道没有处理好？Z 小姐在这种猜测中，又不断地给他发了好多信息，然后他都没有回。

一个字都没回。

Z 小姐开始给她的各种朋友打电话，问这个情况到底怎么回事，朋友们大多数觉得没什么，有小部分人劝 Z 小姐不用管那么多，还有几个听烦了说要是怀疑出事就报警吧……大部分人和小部分人的建议 Z 小姐忽略不计，听烦了的几个人随口而说的损招倒是被 Z 小姐放在心里，她琢磨着要不要报警，可是……就在她犹豫不定要不要报警的时候，他出现了。

确切地说，不是他出现了，是他在朋友圈出现了。他更新了朋友圈，一张类似几米漫画的图片，下面写着一行字：最近吃什么都不香，烦！

Z 小姐激动得不行，连连点赞，留言一片，说自己多么关心他，多么着急，害怕他有事，现在看到他没事，就放心了，祝福他赶快身体变好，心情变好，多吃多福。

他还是没有回。

Z 小姐觉得自己已经有点失控了。她不知道别人怎么想，非常害怕发出去消息得不到回复这件事，百爪挠心的不安感和望眼欲穿的焦灼感交替进行，烧心烧肺，太煎熬。

看来，不表白是不行了。

于是，Z 小姐鼓起勇气，洋洋洒洒在微信上写了一大篇，大概的意思就是几句话：我喜欢你，我不打算再让你对这件事毫不知情了。

发出去之后，她的心脏跳到了 3000 迈，这是她第一次表白，从小到大，虽然她不觉得表白一定应该是男人先主动的事，但她也没有如此勇敢和直接过，对于她来说，这一次的尝试非常刺激。她等着他的回音。

但是，3 小时又 48 分 21 秒之后，他还是没有回复。

从那天吃完饭他接了电话匆匆离去到他更新朋友圈，又到现在，他就像从来没存在过一样无比理直气壮，像一缕蒸汽，开门就散在空气里，他在干吗？看到她的告白了吗？

不可能看不到，虽然微信没有"已读"提醒，可是众所周知，一条微信发出去，对方收不到的概率比拉一坨屎堵了马桶冲不下去的概率还低。

你到底喜欢我吗？你到底知道不知道我喜欢你？Z小姐在6小时15分钟57秒的时候终于有点愤怒：拜托，这是表白好吗？作为一个成年人，作为一个长得比较着急的成年人，您看到来自一个女孩好不容易鼓起勇气掏出心肝脾胃说出来的真心话了没有？

您倒是说话啊！

然而，他还是没有回复，没有说话，不拒绝，也不接受，他沉默，像死在了线上。

Z小姐整个人都神志不清了，她百度"水瓶座接到告白之后的反应"，Google"如果告白后对方沉默代表的是什么"，给著名的情感专家写邮件问：一个女人告白之后得到沉默的回答，是被拒绝的意思吗？她还给手机里所有还能说几句话的朋友打电话问他们的看法，这一次几乎异口同声，大家都说：Z小姐，你醒醒吧！

你醒醒吧！没错，全世界都知道这个意思是什么，只有你自己不知道。

你醒醒吧。

或者说，不是她不知道这个意思是什么，而是她不愿意相信。她甚至鬼迷心窍地安慰自己：他至少没有拒绝啊，虽然他沉默，可是他至少没有拉黑我，没有回答说"对不起我不喜欢你"……

狮子座的尊严就这样被击溃，她不愿意相信，更不想承认。可是，他确实是沉默，不作答，没解释，不回复。

少女捧着滚烫的心来到海盗面前求他拿走，海盗只是看了看心，没说话。这是什么意思？您到底是带走还是不带走？这颗已经被取出来的滚烫鲜活的心该如何处置，放回原处？可是已经沾染了尘埃，继续放在空中等待，它恐怕活不长……

Z小姐受到了很严重的打击。她后悔自己莽撞的告白，也恨这些朋友太没有同情心，她受伤了。她整夜整夜失眠，时时刻刻去翻看手机，唯恐他哪天发来点东西，万一他是在认真思考这一段关系该如何开始呢？

失望叠加失望，沮丧叠加沮丧，Z小姐从神志不清的状态步入了心灰意冷界。

心灰意冷界的人都喜欢旅行，据说行走可以治疗情伤，离开伤心地就可以得到救赎。Z小姐既然已经加入旅行教，就不能不立刻开始展开一场"说走就走的旅程"。她大半夜爬起来在线上定了机票，整理好行李飞往三亚——来不及等签证了，反正全世界的海滩和阳光都长得差不多，就海南行吧。

阳光、沙滩、椰子、各种赘肉以及花色短裤让Z小姐短暂地忘掉了痛苦。尤其是阳光，当她把自己晒得黑红黑红的时候，她忘了自己以前是个苍白的鸽子蛋，长吐一口气，听着莫文蔚唱"他不爱我"，Z小姐就这样半残半自救地治疗了自己。

就在Z小姐的行程快要结束的时候，他忽然出现。

他忽然出现。就像什么事都没发生过一样，就像漂流瓶没盖好盖子，恶魔忽然找了个空隙钻出来一样。他冒了出来，没有前因也没有后果，没有解释也没有铺垫，直面而来，告诉Z小姐，周末是他的生日，他要见到她，必须要见到她，非见到她不可。

就像被踩扁的气球忽然遇到了强力打气机，砰的一下，Z小姐就满血复活即刻升天。她几乎是跌跌撞撞，恨不得钻进时空隧道，一步就飞到他眼前去。

原来他喜欢自己！Z小姐简直恨透了自己，她恨自己太自卑，为什么就认定他不喜欢她呢，还治疗，还忘记，治疗个屁，忘记个鬼！他明明白白说了，他生日最想见的是她，非她不可，这不就是最明确的表白吗？还要什么？

就这样，Z小姐改签了机票，提前两天回归，去最贵的发廊洗剪吹，做了美容，买了新衣服，化妆，扮美，出发。

那天的生日聚会是在一个KTV包厢，来玩的人很多，男的女的老的少的，牙花子党，韭菜叶子群，牛头马面，八仙过海。Z小姐一个人都不认识，她被他拉到身边，他一边喝酒一边唱歌，一只手拉着她的手，唱一会儿哈哈笑一会儿，笑一会儿就对她暧昧地看一会儿。从头到尾，他一直拉着她的手，虽然他的歌声极其难听，简直惨不忍睹，虽然他的手心一直出汗，湿答答的让她不太舒服，可是这算什么，今夜星光灿烂，爱情来了。

生日聚会结束后，大家纷纷作鸟兽散。他因为喝酒喝得太多，没有开车，站在路边帮各路神仙拦出租车。她跟在他身后，一肚子的话要问他，虽然知道这个愉快的晚上不该拿一些琐事来扫兴，可是何不趁此机会，直接问个清楚明白呢？既然她已经告白，他也已经如此豪迈，他们之间现在只欠一个说法。

Z 小姐于是问："你喜欢我吗？"

他先是愣了一下，然后笑，没说话。

也不知道哪里来的勇气，她又问："你喜欢我吗？"

他还是不说，还笑。

Z 小姐第三次问："你到底喜欢我吗？"

他眼看着笑到腮帮子抽筋也已经躲不过去，于是他说："你觉得呢？"

如此暧昧又神秘，多么聪明又鸡贼 —— 我不说你去猜，答案不公布，猜对猜错全看你。

狮子座的 Z 小姐当然不喜欢玩这种你猜你猜你猜猜猜的游戏，她坚定又简单地问："你到底喜欢不喜欢我？"

他耸耸肩，说了句："早点休息。"然后很暧昧又令人无限联想地把手搭在她的肩头，用风情无限的眼神上下看了她一番，欲语还休，始终一句话都没说，然后他就消失在夜色中。

　　她翻来覆去，再也睡不着，刚才身体靠着身体，手心握着手心的余温还在，可是他仍然是没有回答。

　　这到底为什么？一个男人，在生日的时候打电话告诉她最想见到的是她，这难道不能理解为一句情深的表白吗？难道这一切又是她的幻觉吗？她百感交集，到底为什么！

　　她再也忍受不了，她拿起手机，给他发了微信，再一次表白，又一次问询：你到底喜欢不喜欢我？你不要逃避，也不要沉默，我需要一个答案，喜欢或者不喜欢，你可以说不喜欢我，可是你不要沉默！

　　还是沉默。

　　她受不了，说："沉默就是表示拒绝，是吗？"

　　他不回答。

　　沉默，看来沉默就是他的座右铭，沉默就是他的保护伞，沉默就是他的护盾，沉默就是他的坟墓。

　　她被彻底激怒，她的耐心已经被耗光，她的灵魂已经被折磨疯。她被魔鬼附身了，她愤怒了，这么长时间来积压的委屈、疑问、怀疑、气愤，调和成浓稠的一锅粥，她沸腾了，她两眼冒火，浑身发抖地问："我到底算什么，你呼来喝去的玩物吗？你想理就理，不想理就不理的抹布吗？如果你喜欢我，为什么你这样对我，如果你不喜欢我，为什么又招惹我？！我确实很喜欢你，可是我也有尊严，我也要面子，我可以放下尊严跟你主动告白，可是我不要爱得那么犯贱，如果你喜欢我请你告诉我，如果你不喜欢我，我会滚得远远的！"

他还是 —— 没 —— 有 —— 回答。

Z 小姐病了，她拉黑了他，从微博到微信，从朋友圈到手机通讯录，只要她能够跟他联系到的方式，她都拉黑了，就像对待一个病毒，她给自己设置了一个防毒面罩，牢牢地把自己关在真空里；而他，被她彻底斩草除根，远远关在外面，永世不得接近。

她一夜喝了三瓶干红，吐得肠胃都破裂了。一夜哭醒了六次，纸巾擦得面皮都破了。她跌跌撞撞去厕所，结果不小心踩空，摔到地上，头上起了一个大包，于是她干脆坐在地上不起来，抱着门上的扶手大哭起来。

Z 小姐发起了高烧，嘴唇破了皮，眼睛肿得像桃子，呼吸的时候感觉到仿佛一股热风从火焰山飞到她的鼻子底下。退热贴贴了三四个，都没有退烧，她口渴得想死，两腿又发软，她没办法自救了。

在医院里，打了两天的点滴，烧都没有完全退下去 —— 可想而知，那些顽固的坏死细胞们有多么顽固。就像 Z 小姐的爱情神经，强壮到拿水泥圈砸都砸不死。

真可怕。

他到底喜欢我吗？Z小姐还是没办法不纠结这个问题，而最恐怖的是，这个答案她上下求索、上天入地都找不到。因为答案在他那里，而他，用嘴唇封锁了一切的答案，直到被她拉黑，进入了她设置的暗黑地狱。

一周后，Z小姐接到一个朋友的电话，这个朋友认识她，恰好也认识他。她在Z小姐的朋友圈里知道了她生病的消息，特意打电话给她，想告诉她一切事情。

她说："这个男的真的是个人渣。"

她说："你怎么会喜欢这个人渣。"

她说："你知道吗，他真的是个人渣。"

她说："我看不过去，他不应该这么对待你。"

她说："他这么对待别人也就罢了，偏偏是你。"

她说："你是个多么单纯的姑娘，那么好，他真的是个人渣。"

她说："他对每个女的都一样。"

她说："他就喜欢逗女孩玩，又花心又风流，可是他不该这样对你，你是个多么单纯的姑娘，他不该这样对你，我都看不过去，他不应该这样对你。"

她说："我逼问过他，到底喜欢你吗？"

她说："他告诉我，他觉得你的个性不错，可是……"

她说："他说了，你的样子不是他喜欢的类型。他前女友是电台的主播，前前女友是某学校的校花。"

Z小姐就这样平静地听着她的电话，一字一句，一句一字，完完全全，就这样一字不漏地听完，挂掉。

他不喜欢她，但是觉得她性格还不错，言外之意：她是个好人，可是他不喜欢她。她不够好看，没有够得上被他喜欢的资格。之所以沉默，不是纠结，只是不好意思当面让她难堪而已。

可是，这不妨碍他跟她调情。他喜欢长得好看的女孩，也不拒绝有一些可爱的女孩子对自己表示好感，这可能是他或者他这类男人获取自身魅力自信的一种手段吧。

虽然镜子里的他又老又丑又土，甚至有谢顶的危机，40 岁不到就长得像个中学生的爹，不过没关系，他能轻而易举地让 Z 小姐这样的优质女孩喜欢他，手段只是 —— 撩拨。

就像阳光挑逗了猫，海水挑逗了海滩，拍拍爪子就跑的勾当，Z 小姐跟猫以及沙滩们却已然沦陷。

打电话的朋友虽然含蓄，却也忍不住提醒："Z，你还不明白吗，他在玩弄你，他不喜欢你，他只是觉得你好骗……"

人生最痛苦的事情莫过于此了吧？廉价的挑逗遇到沉重的感情，折磨遇到了被折磨，无辜遇到了愤怒，伤害遇到了被侮辱，人渣遇到了 Z 小姐。

Z 小姐在朋友圈里愤愤地发了好多条诅咒的话，三字经一连串发了好几行，粗口爆了表，可以想象当时她的情绪有多么激动，手指就像在按动快门，发射出去的文字都是羞辱的小子弹，一弹一弹打在那个男人的身体上，头开花，脖子断，咽喉爆裂，骨骼断裂，脚底流脓，鼻血喷涌……

Z 小姐大病一场，嘴唇起了好多火泡，满脸通红，身体内所有的病毒都被愤怒点燃，又喝了很多酒，流了很多泪。

大好人生遇到人渣，一腔热情被浪费，那颗在风里一直等待的心，早已停止跳动。灰溜溜地把它拿回来也无济于事，她想等时间让它复原，她唯一能做的事就是流泪焐热它，至于它还能不能跳动，她不抱希望。

那天夜里，Z 小姐的一个女友在跟男朋友吵架，她的男友是个狮子座，现在狮子男友已经做好了分手的准备，可是她忽然觉得自己放不下。Z 小姐充当了爱情专家的角色，并告诉她，一定要去道歉，狮子座最害怕丢面子，只要你好好道歉，他一定会原谅你，一定还会回心转意。她不断叮嘱，甚至编了一条短信让女孩发给男友，说保证他回头。为了帮她挽回男朋友，Z 小姐情真意切地写了一大段话，让女友复制给男友，Z 小姐自信地说："就这样写，他一定会回头。"

写完这封信，Z 小姐自信十足地在朋友圈里更新，她说因为知道狮子座的软肋，所以她帮助女友挽回了一段即将劈裂的感情。狮子座很简单，他们需要安慰，他们需要被认可，他们需要答案，他们需要被爱，他们需要被道歉，他们需要面子，如果这些都有了，挽回一个狮子座简直易如反掌。

她知道他会看到，因为前几天，她已经悄悄得把他从黑名单里解放出来了。当然，这件事她谁都没说，包括她自己，这是一

165

桩悄悄的、不可告人的行为，她神不知鬼不觉地就做了。

　　Z 小姐默默地想，如果他能道个歉，主动跟自己打招呼，她还是会原谅她的，想到这里，Z 小姐叹了口气。

喂　　　喂　　　喂

N　　O　　.　　0　　8

1

像个诅咒一样，俞薇遇到了张嘉良的复刻版。毫无防备，甚至有点故意，她遇到了张嘉良影子一般的林单单。

林单单的名字还是俞薇取的，用他名字最后两个字的谐音组成，林单单拥有一个正常而又端庄的名字，没想到被俞薇一通改造，涉嫌情色、戏谑、荒诞等所有因素，活脱脱是一个被羞辱的小可爱。但林单单不是小可爱，他浓眉大眼，剑眉星目，这一款是俞薇一直避而远之的类型，如果一定要说林单单与张嘉良哪里有分别，可能就是五官上分道扬镳的走向。

张嘉良有点像混血，据说祖上有某种欧洲血统，可也已无据可考，只有微微的容貌上的一些特征，证实这不是虚构。张嘉良挺拔落拓，阳光健康，给过俞薇很多错误的暗示，以至于在感情路上，俞薇一直走错路，扎一脚荆棘，却茫然无知，不知道为什么会这样。后来俞薇想通了，是自己视力不好，看不清楚字，也看不清楚人，不能怪别人。

林单单说，我们生命中总会遇到一些难以面对的过去，可是这些过去叠加过去，组成了现在的比较成熟的我们。

林单单大学在辩论队，他的口才好到可以开电台直播，10个小时不停顿都没关系，甚至不用给他上厕所的时间，黑段子荤段子一锅炖，顺口溜冷笑话张嘴就来，鸡汤那是家常便饭，随手拍毒舌党也从来不是他的对手。这一款男生一直是俞薇避而远之的类型，太爱说，就影响了感官判断，她需要有很多很多的感觉细胞启动，才可以分得清哪些是敷衍，哪些是喜欢。

可是林单单没有给她那么多的时间，他几乎是用迅雷不及掩耳之势参与到她的生命中来，没有打招呼，也没拿到号码牌，就这样乱无章法地闯进来，剑走偏锋，一招制敌。

俞薇没有招架之力，之前为张嘉良流血未愈的伤口，被林单单扑面而来的药膏贴住。她来不及思考和筛选，她明明不喜欢这种剑眉星目一副武生做派的人，明明不喜欢废话连篇永不停歇的性格，明明不想再有跟张嘉良拥有一样口音和用词习惯的下一任。可是，林单单就这样来了，他不顾一切，穿山越海，一下子就让俞薇沦陷。

<u>2</u>

　　不过，沦陷归沦陷，像俞薇这样的年纪，接近 30 岁的时候再遇到喜欢的人，已经不可能虚张声势，活蹦乱跳，姿态不稳了。这些年的修炼中，她已经逐渐懂得很多自我保护的方式，偶尔开心一下无伤大雅，天天咧着嘴大笑就涉嫌弱智，感动的话偶尔为之可以振奋人心，天天说就令人厌恶，所以，沦陷归沦陷，俞薇不动声色。

　　林单单还在为如何获取女神芳心动脑筋，俞薇已经把林单单最近五年的微博微信朋友圈都看了一遍。

　　林单单诚实到只肯用真名，所以在网上转一圈，对他的一生已经差不多掌握，用词的习惯，跟谁在交往，谈过几任女友，什么时候吃坏过肚子，什么时候又看到了 UFO……林单单的页面跟他本人差不多，一看就是坦荡荡风吹稻花香的类型，很容易满足，自动寻找小确幸，也终于在生命的角色互换中，完成了成长的大部分任务。

　　过去的几年，林单单换了工作，失去了一个女朋友，目前正在重新按照理想的方式设计人生。就在他最忙碌的时候，认识了俞薇，而俞薇也正好是刚刚经历完了失恋、诸事不顺等各种挫折，有了重新开始的契机。两个人的默契，来自彼此都打算重新开始，既然要重新开始，接纳新的人进入生命，未必不是良好的预示。

　　林单单对俞薇的喜欢，简直是毫不掩饰，对她容貌的喜欢就这么赤裸裸地喷出，这种大张大合的性情真是让俞薇难以招架。他的表述方式就是这样的：你真漂亮，我喜欢你。

　　最简单，又最直接，反而是最令人难以从容的情话。张嘉良不会这样，他只会含蓄地表示，茫茫人海能够相遇是多么难得；他很文艺，文艺得有点病态，他甚至至今还迷恋手写情书，虽然他的字迹难看又幼稚，可他也在用他的方式表达爱意。当年想起张嘉良，心里还会隐隐作痛，认识林单单之后再想起张嘉良，简直恍如隔世，连面目都模糊起来。

　　是谁说过，疗伤最好的方式，就是开始一段新感情。林单单，欢迎你，欢迎来打扰我。

3

　　说到打扰，是真的打扰。如果不是因为林单单有一种天性的赤子情怀，俞薇几乎可以判定他是骚扰了。

　　从睁开眼，林单单就会打来 morning call，他的"猫宁考"绝对不是一个闹钟那么简单的定义，他简直是"猫宁粥"。俞薇睁开眼睛，意识还没有完全苏醒的时候，他就大剌剌扑过来，电话一讲一个小时，热情洋溢，才华横溢，把俞薇从梦中折腾到完全清醒。挂掉电话很久，俞薇嘴角还挂着笑，笑得前仰后合——他怎么那么可爱！

换一个人，一大早爬来骚扰，早就会被拉入永久的黑名单，永远无赦，但对俞薇来说，他的骚扰是一种乐趣，谁让他不同，谁让他是林单单！

早晨有"猫宁粥"，晚上有睡前电台，林单单的精力充沛得吓人，他几乎不用睡觉，尤其是夜晚，他像感染了不魅症的狂魔，偏偏又有那么多个频道，永远不会没有话题，双子座果然是尽职尽责的话唠，有时候俞薇已经困得睁不开眼睛，可是林单单还在手舞足蹈，间歇还能体贴地问一句："你不会睡着了吧……"

俞薇心想：饶命！又并没有逃。

俞薇慢慢喜欢上了这种毫无节制的相处模式，他在忙他即将开业的酒吧，她则穿梭于各个国家和城市走走看看，他们在一个城市的时候很少，可是空间和时间并不能阻止热情的释放。俞薇反而觉得，近距离的恋爱远不如这种远距离的黏度更紧密，可是这种紧密也让她恐惧。

当年张嘉良也是这样的热情如火而来，为她死都可以的那样一个人，后来他真的要死要活，她却已经铜墙铁壁，再无留恋。俞薇很害怕重复这样的游戏。她实在不是真正的铜墙铁壁，只有夜晚，她才愿意承认，这些只不过是自我保护的面具。林单单的方式虽然不像张嘉良，可她有时候闭上眼睛，听着林单单没完没了的电话声，就会想起张嘉良。他们都生活在台北，偶然机遇来到北京，意外情况跟俞薇相识，奇怪的吸引力就这样诞生。

172

4

台北的男生跟北京的男生实在不同，生活在那样的一个文艺的小岛上，操着偶像剧男主角的口音，貌似轻轻柔柔，却又斩钉截铁。林单单跟张嘉良是两个截然不同的类型，可也只是版本不同，终究他们都是来自同一方水土的人，连口头禅、骂人用语都差不多，关注的东西也差不多，细究起来，他们最大的差别只是，张嘉良没那么爱打电话。

有一次俞薇在出租车上，林单单打网络电话过来，没完没了说了快一个小时，她的流量快用完了，车钱也莫名其妙多付好多，俞薇默默念叨自己要破产，遇到林单单，简直是要破产。

可是她又如此迷恋他那种孩子气的天真和无拘无束。他成绩那么好，不当律师却非要去开酒吧，一天到晚穿得像个黑社会，却又心地善良为自己对小孩子没有发自心底的疼爱而伤感。双子男的兼容特征，林单单演绎得淋漓尽致，俞薇生平第一次跟这个星座的人如此亲近，竟然如此愉快。

好吧，开始总是分分钟都妙不可言，俞薇的略微冷淡跟林单单的无限热情正好形成了奇妙的融合，俞薇甚至渴望跟他更接近。在某一天的夜里，林单单忽然打电话来说刚才做梦梦到她躺在自己身边，那个梦清晰可见，甚至能够拉着她的手感受彼此的体温。俞薇为这句话忽然红了眼睛。

在异乡的夜里，她也希望靠在他身边，他们可以尽情说话，只是不需要手握电话，她只想看着雨夜的天空，喝喝酒，感受一下久违的拥抱的温暖。

小小的奢侈，却难实现。

她在异乡的霖雨天里，幻想着他宽厚的怀抱，或许还散发着淡淡的烟草味，她想把自己刚洗完头发的味道寄给他，嘻嘻，让这个喋喋不休的人停顿一下。想到这里，一片汹涌波涛袭来，俞薇幸福地闭上眼睛。

5

有人跟俞薇抱怨，现在人谈恋爱实在太粗糙了，分分钟都要结果，完全不愿意享受美好的过程。

认识一个人的成本太低，爱情的精力成本却太高，谁还愿意花大把大把的时间陪伴某个人，或者说愿意倾听某个人？

林单单啊！什么时候开始，俞薇已经开始跟林单单心心相印。

行走路边也想拍给他看，天气阴晴变化也想跟他分享，自拍一天发无数次，随时随地他的电话就要会来，一说就干脆站在路边，咧着大嘴只管笑。同伴都陆续摇头：薇薇，你已经变成喂喂喂，每天的内容就是喂喂喂，俞薇，你沦陷了！

全世界都看出她沦陷的时候，她藏也藏不住。估计林单单也已经看出来了。为什么当年跟张嘉良，从来没有过这么开心的感觉？

每次回台北，张嘉良就像脱胎换骨一样，似乎那片土地上的他跟站在北京某个地铁站里的他不是一个人，俞薇常常心有抱怨，虽然张嘉良经常把为她死挂在嘴边，可是她从来没有切实感受到张嘉良有哪一条神经是专注地为自己跳动。

分手的时候，俞薇翻出很多照片来看，一张一张，每次的约会，她自认为愉快开心的时间里，总是留下了张嘉良略带阴影的笑容。他到底爱过她吗？还是只是异地他乡寻求温暖？说不清楚，可是，几百个日日夜夜就这样过去了，在最重要的几年里，张嘉良的名字横穿了俞薇的记忆，提到前男友，又似乎只剩张嘉良一个人。

为什么每一张合影里，他都有着似笑非笑，含义深刻，充满虚情假意的表情呢？

这天的梦里，俞薇梦到林单单，梦境很奇怪，就像电影一样：他们并肩坐在一起，都是身穿黑色的衣服，林单单如往常一样扎着日式的小辫子，而俞薇则悄然躲在角落。镜头定格，他们拍了一张天衣无缝的合影，她清楚地记得在照片中他的笑脸如此爱意盎然，宠爱有加，他们的肩膀紧紧靠在一起，就像要互相依偎一辈子那样黏腻。他用声带编织了一张情网，把俞薇紧紧地扣在其中，他说，"你跟我走吧"，俞薇一定会起身就走，毫不犹豫，她甘愿中招，以摆脱伤痛为借口，却走出了从没有过的线路。

_6_

你在南方的艳阳里穿山越岭。

我在北方的干燥里汗流浃背。

林单单的理想是开一间很有风格的酒吧，他在描述自己理想的时候，简直就像中了奖的孩子。

俞薇的理想是什么呢？走遍世间各个角落，遇到一个一个有趣的人，写出一个一个美好的故事。

毫不相干的两个人，毫无交集的两个理想，却在刹车的一瞬间扭结在一起，从此难分难舍。

中间俞薇因签证的问题，匆忙回北京，而林单单正在忙他的装修会议。

临走前的那天，俞薇忽然觉得，是不是要见一面呢？

之前的无数个夜里，林单单都表达了特别想跟俞薇见一面的冲动，虽然他们的认识很短暂，只是打个照面的缘分，甚至谁长什么样都没看清楚。俞薇只记得林单单剑眉星目，林单单则觉得俞薇漂亮、白、善良，这些如何归纳出来的，一直是一个谜。俞薇追问林单单他也不说，他总有本事瞬间消失，瞬间遁逃，又开始天马行空，喂喂喂。

可是真正的表白后，他们反倒从来没有见过面，天知道，关系不同的见面，意义也完全不同。

陌生关系的见面，哪怕是 10 个小时，可能没有一次眼神对视，关系亲密后的见面，哪怕一秒钟也会满心欢喜，心跳如狂吧？俞薇从来没有如此渴望过一个拥抱，拥抱可以感受到来自对方的心跳、气味，是一种绝妙的体验，干净又美好，不掺杂复杂的感情因素，只是像藤萝攀上大树，云雾缭绕天空，只是在一起仰望苍穹的瞬间，忽然用手抚摸一下他的胡茬，问他，"你爱我吗？"——这样的拥抱。

在临走前的那天夜里，俞薇忽然想到应该再见一面，确定一下对这种拥抱的渴望到底是真是假。俞薇很了解自己，大部分时间，她的精神世界可以自给自足，营造出一个美好的场景，加入它，爱上它，不费吹灰之力，甚至无需任何人参与，她知道这样的容易满足确实要命，可是，那时候没有认识林单单呀。

俞薇跟林单单一直保持 24 小时的连线联系，当她想到应该再见一面的时候，已经接近深夜，由她提出这个约会的要求似乎有点荒唐，可是人生那么正常，偶尔荒诞一次又有何妨呢？

给自己打了强心针，就可以为所欲为。生平第一次，俞薇向他人发出邀请，而且是熟悉得不得了的林单单，林单单接到这个邀请却没有她想象中的欢呼跳跃，甚至似乎有点意外和突然。他的这种奇妙的短暂停顿深深地伤害到了俞薇，他不是很想见她吗？不是说好的非常爱她吗？都是说说而已？还是说只是说说而已？

停顿的结果是，林单单说他正在跟合伙人开预算会议，能不能在会议结束后去见她。不用再说任何话，她没有值得他放下一切欣然前往的魅力，这就是一切的答案。俞薇不是傻子。

177

7

那天晚上，俞薇悄悄走了。

凌晨的时候，她果然收到了林单单的夺命来电，他问她在哪里说，说会议开完了，现在去找她，那么急吼吼，却已然失去了意义。俞薇静静地跟他说："我已经离开了。"

电话沉默了好久，好久。这天晚上，俞薇为林单单绽放的所有决心都已经收回。

是她不好，她非黑即白，没有中间地带；她不懂周旋，也不会假装，要么高冷得在阿尔卑斯山雪藏，要么化作汤汤水水向着心上人而来，满心湖水中，都是恋人的影子，这么腻。

张嘉良的感情里也是这样，当初他站在零下 16 度的风里不肯走，只是不愿意失去她。那一刻她觉得自己心狠手辣，不值得任何人爱，因此自我贬低的她开始珍惜张嘉良，这世界上有几个男生，能够在零下 16 度的寒冷里为你站着？ 4 个小时，凌晨站到天亮，摇摇欲坠，还是没有走。

最后，分手的那天夜里，俞薇感觉到张嘉良已经忍无可忍，巴不得拔腿就走，他们的感情被他堆放到台北某个小区的后花园。那天也在下雨，他皱着眉头，听着俞薇最后一次提分手，虽然提分手的是她，可是他如此配合，也说明了心意吧？

那天夜里她执意离开，拖着行李箱，走在凌晨 3 点的台北街头，欲哭无泪。她走来走去，走来走去，看到街边的玻璃上反射着自己的身影，已经瘦骨嶙峋，没有任何人形。

谈一场恋爱几乎是毁灭一次生命，太痛的领悟，谁让你爱人爱成全部？那天晚上，俞薇分手后第一次如此清晰地去回忆分手那天的点点滴滴，那曾经是她不愿意面对，不愿意接受，不愿意再回想的人生，拜她最爱的林单单所赐，一切重回眼前。

台中车站的致命一跤，摔得俞薇差点灵魂出窍，腿上瘀紫一大片，吓得巴士司机跳下车来问她要不要去医院，俞薇强忍着难过，只是摇了摇头。张嘉良目睹了一切，也只是帮她买药擦伤口，人与人之间为什么会一下子变得如此陌生，一句话都不愿意多讲？毕生的恩情已经耗尽，再看他，只觉得鄙夷。

原来恩情也有重生能力，曾经为张嘉良耗尽的温情、感谢和迷恋，经过痛苦的蛰伏，重新跃跃欲试，跳到了林单单的身上，而现在，林单单在如此重要的时刻，失约了。

也不能算失约，他只是，没有珍惜宝贵的时间，错过了，而她已经离开。

8

这次的失约风波很快就过去，当俞薇无限疲惫地回到酒店，林单单的电话如约打来，就像算准了她的时间一样，如此巧合，如此贴切。俞薇一下子就接起了电话："喂喂喂？是我。"

喂喂喂
·

那种轻妙的委屈，那种排山倒海的难过，就这样，化作喂喂喂，一切都尽在不言中。林单单很失落，从来没见过他那么失落。他说，她走后，他有了一种失魂落魄的感觉，这感觉让他不安，他不愿意因为误会而失去她。

通过网络电话，俞薇仿佛紧紧拥抱住了那个犯了错却让她没办法责备的孩子。张嘉良 26 岁认识俞薇，如今林单单 26 岁，还有十几天就是他 27 岁生日，真是一个魔咒。记得很多年前，当俞薇还是一个少女，她看到一句话：如果在最好的年华里，我想遇到一个 27 岁的男人，还没有被社会污染，保存了一些稚气，还愿意相信爱情，能够有梦想支撑着天真……而今从张嘉良到林单单，就像留声机的倒带，如今的林单单多像当初的张嘉良，只是更像张嘉良的改装版，比他聪明，比他优秀，比他热络，比他开朗，比他……更在乎自己。

就算是错觉，至少现在有这样的感觉，俞薇无比珍惜。爱上一个人只需要几秒钟，而离开和忘记一个人，也许需要一辈子的时间。谁敢轻易涉入爱河，谁敢敞开心扉随便迎来送往？

9

林单单给俞薇发过一首歌，俞薇听到旋律恍惚觉得听过，又觉得年代过于久远，后来才发现是梁静茹的歌。现在听起来已经是陈年老醋，她总是那么软绵绵没有力度，她的歌俞薇都不喜欢，可是每首几乎都听过。想不到林单单这样一个热爱讲话的摇滚青年，扎着小辫子的另类台北男生，居然对这种甜蜜蜜的小情歌情有独钟……

为什么要给她这样的暗示呢？为什么爱要如此卑微地付出，为什么不是两个人一起金光闪闪，你是金角大王我是银角大王，我们有彼此的兵器，我们一起为非作歹，我们霸占山头，我们寻欢作乐，我们惑乱众生？

俞薇也想给林单单洗脑，跟他嘲笑脑残人士，跟他讨论精神 SM 的必要性，跟他讨论各种奇怪的东西，像两个小妖怪，一起钻研妖术，可是林单单总是出戏，他总是说俞薇很善良。为什么要定义、贴标，做这些道德绑架呢？爱情，为什么不能随意一点，再随意一点，随意到，你不离开我，我也离不开你，我们腻在一起，总是没烦恼，傻瓜一样哈哈大笑，哈哈大笑，生活变成简单的喂喂喂。

简直奢侈。

林单单有一张照片，是与一个女生的合影，两个人很亲密，作为微信的第一条，是纪念，还是"辟邪"专用贴？女生并不好看，又瘦又黑，牙齿奇怪，笑起来眼睛已经不见，在他浓眉大眼的衬托下，像一只不怎么大方的老鼠精。这张照片在林单单对俞薇表达喜欢好久之后，还一直悬挂在那里，每次打开林单单的朋友圈，都会刺目地看到，林单单的表情又是那么满足，似乎找到了人间真爱。

这么可爱的林单单的人间真爱，不过是一只"老鼠"吗？呵呵。

俞薇的刻薄全面发作，在某个很平静的夜里，忽然提到这张照片。林单单很意外，因为他已经忘记过去的他是他，也忘记当初如何深深迷恋这只"老鼠"，迷到挂出来展览，几年都没有拿掉。俞薇说，如果让过去的阴影影响后面的生活，那就是恶意。林单单说，为什么不能坦然面对过去，因为已经过去了啊！

这件事的最后结局是，林单单删除了那张刺目的照片，作为妥协，注脚是，他提醒俞薇，这是第一次，自己从来没有为任何人删除过任何条目。既然发出，就不会删除，真是有原则！

如果不懂尊重后面的人，就活该生活在回忆里，被糟糕的前任控制——如果不糟糕的话，谁会把谁变成前任呢？既然糟糕为什么不能倒进垃圾桶，为什么要让这种陈年的大便堵在厕所里，时时刻刻散发恶臭呢？

10

俞薇跟林单单的矛盾越来越多，简直像滚雪球一样。林单单的电话也没有以前那样天真无邪了。俞薇很有理由相信，每次他们的不愉快，都会在林单单心里刻上一道划痕，如今他的内心也已经斑斑驳驳了？

俞薇曾经把自己当年废弃掉的微信号给他，那些时光记录了她往日的惶惑和开心。林单单以未来人的身份跟当年那个俞薇打招呼，他说："你的未来会很好，你会遇到一个很好的人，请你一定善待他，因为他很容易受伤害。"

为什么画风突变，如此文艺，那个滔滔不绝的男生呢？未来的林单单跟过去的俞薇进行了好长时间的对话，俞薇问："她的未来会很好吗？"林单单很肯定地说："当然会很好，因为认识了我。"俞薇说："会变成一个'喂喂喂'吗？"

林单单笑了好久。

回到未来的林单单和俞薇，就这样正式而勇敢地发展更亲密的关系，并约定了在 6 月 16 号林单单生日的那天，俞薇回来跟他过生日。如何玩？去哪里？不知道。林单单说只想跟她在一起，看个电影也好，去颐和园也好，哪怕只是吃顿饭，都 ok。

520 莫名其妙变成一个节日，大家以各种歪歪的理由发红包，要红包。林单单发给俞薇一个 52 元的红包，俞薇没有收，平日他也经常会发那种 5.20 等数字的红包，俞薇略觉得有些寒酸，她也不是物质至上，可是如果真的是最爱的人，怎么会发出那么吝啬的红包呢？对于吝啬的痛恨，也是张嘉良给的伤痕。当初张嘉良总是没有钱，吃饭没有钱，买礼物没有钱，开派对没有钱，这也是俞薇对他们关系的质疑的根本。她不愿意带着偏见来评判林单单，可还是不自然会有一些介意，这些是万万不能说出口的质疑。

那天夜里，俞薇做了一个梦，梦到林单单跟一个女生在一起，两个人亲密无间，似乎有染，且不避讳自己。醒来已经凌晨，林单单居然还是没有回家，因为他的夜晚电台没有开启。俞薇再一次有一种深深的背叛感，虽然一个梦不能说明一切，可是为什么要选在 5.20 这样的夜晚，没完没了开那些关于装修的会议呢？

俞薇做了一个大胆的决定。

5 月 20 日凌晨 3 点，当林单单疲惫不堪地回到家里，打算给他的女神俞薇打电话的时候，发现自己已经被她拉黑了。

11

林单单从没有过的慌乱，他打电话给她，发信息给她，她就像沉睡万年一样，始终没有再回复。那天的林单单第一次体会到失去的感觉。

从他们认识的第一天起，林单单就觉得会随时失去俞薇，她的距离感和过于聪明的反应，都让他觉得难以平静，他于是设计了一种随风侵入式的相处方式，想要塞满她的全部生活。

她人在异乡，又是骨髓里的文艺气质，总是陷入郁郁寡欢中，所以他会绞尽脑汁去帮她排忧解难，在他的生活中，除了工作，只剩下她。

他曾经无比兴奋地跟朋友说起她，说她的可爱和漂亮，说她的与众不同，说他们的相遇相识，那分分钟都妙不可言的恋爱初始状态，心动，多么难遇到的心动，为此他可以牺牲睡眠，牺牲娱乐，一切为她。

然而，他们之间的误会太多了，多到无法解释，千言万语化成一句话——他在最忙的时间遇到最颠沛流离的她，支撑这种不安全体的稳定性全靠奇迹。他已经预感到，终于会失去她。

<u>12</u>

此刻的苏州市，梅雨季节里的古都多情又多泪，一天到晚都在下雨，好好的心情硬是被雨水浇坏。有一次林单单说起寒山寺，让俞薇一定要去打卡一下。于是俞薇就在一个清晨来到了寒山寺，她一直在给林单单做直播，看到的景色，遇到的算命女人，说的所有的话，全部转达给林单单。

好神奇的体验，就像电影 Her 里爱上了电脑系统的男主角，带着他的虚拟情人去看世界，林单单此刻就是俞薇的虚拟情人。

算命的女人说，这个小姐命里带桃花，目前你遇到的这个男人，是真心爱你的，可是你的脾气太坏，也许有一天会把他吓跑。

"你会被吓跑吗？"俞薇笑着问。

林单单说："如果我吓跑了，不见了，你会找我吗？"

·
·

"不会。"俞薇很坚定，很绝情、很认真地回答，"不会。"

最后一次的交谈，俞薇拒绝用电话，只愿意接受文字的交流，因为电话给人的压迫感会降低真实性，林单单却觉得文字可以引发各种猜测和联想，非常不客观。最后折中对待，俞薇用文字，林单单用语音消息，他一连串发了几十条，每条59秒。他说得太多了，面面俱到，滴水不漏，在那样的时刻，只需要抱紧她就够的时刻，林单单却说了太多太多的废话，以至于把俞薇听到意兴阑珊。同样的理由被他吸引，同样的理由又厌弃了他，俞薇平静了8个小时后，终于决定跟林单单说再见。

任何人的安全感都只能靠自己给，挂靠在别人身上的关系，被风轻轻一吹就会了断，俞薇对自己非常了解，却也无能为力。

终于还是没有等到6.16，终于还是没有在最好的关系里见面，终于还是没有在无数寂寞的夜里拥抱当时最爱的人，问一句：你是不是爱我？过去的俞薇没有告诉未来的林单单——要珍惜的是你，你不能随便失去她，因为一旦失去，就再也回不来了。

张嘉良的伤口还没痊愈，林单单的新裂痕又腾空而来，鲜血淋漓，惨不忍睹，伤口名为：不安。

未来的回忆里，每当想起林单单，也就只剩下拿起电话、激动万分、绵长甜蜜的那句"喂喂喂"了吧？

十　　年　　老　　友

N　　O　　.　　0　　9

洛奇一直说他跟小枫其实认识十年了，小枫怎么也记不得这十年洛奇是怎么算的。

洛奇是个奇怪的人，他常说自己是个作家，但是从来没见过他发表过一个字。用他的话说，真正的艺术都是不便于示人的。

洛奇经常能够说出一些奇怪的话，基于他是个奇怪的人，所以说出奇怪的话就在逻辑之内。除了是没发表过文字的作家，他还是没提起过画笔的画家，没有案例的著名策划人，没有情史的大众情人，每次在不同场合遇到洛奇，他总是满面红光、神采奕奕地讲述他过去的辉煌。因为没有人见证，所以那些辉煌也就肆无忌惮，光彩照人，所以，洛奇非常适合"初次社交"。因为只要跟他接触过 3 次以上，就会发现他来来回回说的都是这几句话，社交场合就像他的舞台，而他浓墨重彩地登场，咿咿呀呀一招一式都是台本里规定好的桥段，动人，但不耐听。初次社交综合征让他看上去朋友满天下，其实一个都不熟，而且几次下来，若在其他场合大家遇到，说起洛奇，大家脸上都会浮起意味深长的笑意，互相对视，然后低头又笑一下，把所有对洛奇的评价归咎为一句话："洛奇啊，呵呵。"

洛奇啊，呵呵？——这是什么意思？隐藏在两个字中的无限隐秘又复杂的内容，常让小枫迷惘。

她知道洛奇这个人，就是在一个无主题聚会中，当大家的话题谈到洛奇，彼此心照不宣，集体"呵呵"后沉默。后来阴差阳错，不知道是谁把洛奇叫来了。她对他的第一印象也没太差，中年男孩——没错，不是中年男人，是中年男孩，穿着球鞋，带着棒球帽，穿着20几岁人喜欢的衣服，但是看他的脸绝对超过35岁了。他在一群人中间显得寡淡又清高，她跟他中间隔了几个人，席间大家说说笑笑，小枫无意间看到洛奇对着某处发呆，这一瞬间，小枫觉得洛奇其实是一个孤独的人，因为这个发现，她甚至心弦震颤了一下，但是很快就克制住了。

当天晚上大家陆续离开，小枫一直没有走，洛奇也没走。他喃喃自语，希望有人留下来陪他多喝一杯，但是 A 要赶另外的局，B 要接女朋友，C 家里忙装修，D 语焉不详……总之，没有人留下来陪他喝酒，除了小枫。

小枫不知道自己为什么留下来，他们不认识，那天晚上她其实想早点回家看一个早就想看的电视剧，但是她留了下来。那天的风很大，两个人迎面出来的时候，洛奇说："我们认识有十年了吧？"说完，他就伸手拦了一辆出租车，看着小枫上车，关上车门，沉默地用目光相送。

十年？他怎么会这样说？

小枫绞尽脑汁回忆十年前他们以什么样的方式接触过，或者是自己太迟钝，还是有过一些偶然接触但是已经不记得了？甚至说有一些诸如BBS上的接触，其实不知道对方其实就是他？她胡乱猜测，不得结果，她甚至为此有点歉意。

之后，小枫就变成洛奇聚会中的常客，莫名其妙，又理所当然。洛奇很喜欢组织聚会，一大帮狐朋狗友，吹牛扯皮，洛奇也在其中。他喜欢给人贴标签，这个是著名音乐人，那个是著名史学家，依小枫看，都是一帮loser，自娱自乐，自我欺骗而已，洛奇给小枫也贴了标签：我的十年老友。

每当他说出十年、老友这样的话，周边几个男人都会露出暧昧又复杂的笑容，这种表情跟背后评论洛奇的"呵呵"有异曲同工之妙，大意是窝藏着深深心机的嘲讽。这种表情令小枫不悦，但奇怪的是，只要他发出召唤，明知道那种场合讨厌，她还是会去，坐在那里，一会听洛奇吹嘘自己，一会听loser互相吹捧，她每次都最后一个人走。逐渐，跟洛奇见面成为习惯。

小枫也不是个单纯的人，她搞不清楚自己到底怎么了，更不知道洛奇怎么了，他们不熟，虽然总是见面，虽然她知道他的口头简历，但是她完全不了解他。是因为第一次她留下来陪他让他有了感激之情吗？可是他从来没说过感谢，更没有对自己有过多的联络，他通知她来吃饭或者玩，就是一句话，地址、电话，有

失恋餐厅

时候还会附加一个地图，仅此而已。聚会中他们也基本不交流，小枫不说话，洛奇一天到晚说虚话，可是小枫无论如何都忘不了第一次见面时他那落寞的表情。

那是一个三月的夜晚，聚会结束，最后剩下的仍旧是小枫和洛奇。洛奇照旧给她拦了一辆出租车，小枫点头感谢，当她把车门关上，出租车开动的时候，洛奇突然在后面大喊："我喜欢你！"

这个"我喜欢你"来得太突然，吓得司机戛然刹车。小枫也有点惶恐，但是她没有下车，没有回头，只是些许停顿后，镇定地跟司机说："开车。"

那天晚上到底怎么了？"我喜欢你"，这算是表白吗？为什么他们有那么多面对面的机会，他甚至没有多看她一眼，有那么多寂寞的夜里，小枫会看看手机是否有特殊的消息，完全没有，可是，就这样一个没有提示的夜，当她关门离开，他却在当街喊出"我喜欢你"。

这到底是怎么了……他喜欢我？——他怎么可能喜欢我？

这天夜里，她以为回家后他会打电话给她，她故意把手机的铃声开到最大，不给自己错过任何一声响的机会。可是，一直到凌晨5点，窗外都见到白光，手机仍然死寂一样静默。

小枫带着轻蔑的笑意入睡：蠢货，人家只是喝多了撒酒疯，也许只是突然想到前女友，对着天空抒情，也许根本就是开玩笑看她的反应。总之，掐灭这点激情，对于小枫来说，易如反掌，又不是 18 岁少女，搞什么纯情！

从这天之后，洛奇和小枫的关系就变得扑朔迷离，洛奇好久也没有再联络小枫，小枫也已经决定冷静一下拥堵的心灵，俩人似有默契，一别两散。

成年人的世界，一日不见，就会发生很多改变。小枫修身养性，读读书，看看电影，跟朋友逛逛街，又恢复了正常 28 岁单身女性的生活，她甚至还尝试着去听了几场歌剧，中途瞌睡连天，影响了同伴的心情。身边有 3 个男人分别以各种各样的方式表现出了对她的好感，小枫全然没兴趣，甚至觉得索然无趣。夜深人静的时候，她甚至会想到洛奇，想到那些无聊的聚会，那些不合时宜的陪伴，那些没有名分的暧昧……接着，她就用冷笑结束这一切念想！

一年后，小枫逛街的时候遇到洛奇，他像中了彩票，高兴得连连说话，兴奋得没有逻辑，然后呼三喝四组局喝酒。小枫拒绝了，说晚上还有其他安排，洛奇用不容抗拒的热情拉着小枫就走。他的热情倒是化解了他们之前因为莫名其妙的表白和自然而然疏离而引起的尴尬，小枫拗不过他，只好跟他去喝酒。席间他特别愉快，跟其他几个朋友高谈阔论，眉飞色舞，那几个男人一边敷衍一边玩手机，洛奇也不甘落后，也玩起社交软件。小枫还充当老师，教洛奇如何在百米之内发现漂亮的女孩。洛奇玩得很开心，小枫在他的开心中释然，他果然对自己是没有什么的，能够在彼此面前畅谈泡妞这种事而毫不避讳，真的是没什么。

确定真的没什么之后，小枫飘荡的灵魂终于归位，她又变成他的"十年老友"，又成为他聚会中必不可少的仅有的几个女性之一，又变成总是最后陪伴他走出酒吧的人，只是类似关闭车门告白的伪浪漫场景再也没有出现过。

小枫也不再失落。

洛奇有了女朋友，那天聚会，他罕见地跟一个女孩手牵手走进来。他一进来所有人都吹起口哨，女孩轻舞飞扬的样子，年轻得不像话，亲亲密密跟他依偎。一个晚上，两个人的手都没分开，小枫理智地看着这一切，看着他身边这个跟自己完全不同style的女孩，庆幸自己当初没有自作多情。

原来他喜欢这样的女孩，怎么说呢，像夏天冰镇矿泉水里面的那根冰柱子——这是什么比喻？不知道，看到女孩媚眼如丝的样子，她就想到了那个场景，于是，彻底放下。

什么都没有，那些猜测都是多余，如今才是真。情感书上的教导没错，犹豫、猜测、臆想，归根结底还是不够喜欢，他喜欢你，疯了也要追到你，万众瞩目也要大声说爱你，如今，这不就是有了鲜明案例？呵呵。

之后的聚会更加轻松，小枫不但解放了自我，而且也开始投入其中，跟聚会常客ABCD都变成了朋友。她觉得很奇怪，大家的聚会，买单的总是洛奇一个人，大家酒足饭饱剔着牙打着嗝儿走人，毫无廉耻，洛奇看起来却无怨无悔、乐此不疲，这是美德还是变态？

不管他了。谈恋爱去！小枫随便扯了个人来谈恋爱，谈来谈去，总是走神，对方太正常，她失落；对方若不正常，她暴怒。这日子没法过了。

这天，又接到了洛奇的电话，说他想换个手机，想请她帮忙一起去挑选。小枫正好跟男友闹别扭，于是爽快答应。洛奇开车来接她，两个人悠悠荡荡，一路说笑去买手机。路上小枫突然问："你说我们认识十年，这是什么意思？"洛奇说："你仔细想想。"小枫说："我已经想过好久，十年前我们不可能认识。"洛奇哈哈一笑，放了车载音乐，一个夸张唱腔的男声唱："哗啦啦啦下雨了，看到大街上人在跑……"小枫皱眉："这是什么歌？"洛奇说："一首怀旧老歌。"

不知道前方路段抽什么风，行驶到半路遇到疯狂堵车，两个人在车里待了差不多一个小时，待到小枫都困了。洛奇一直在谈论女友，她的家庭，她的朋友，她的方方面面，两个人就像无话不谈的老朋友。小枫一直在打哈欠，他怎么就判断她喜欢听这些而一直如此兴致勃勃呢？就在这时，两个人的电话一起响，他的是女友，她的，是男友。小枫没有接电话，洛奇也没接，但是洛奇脸色变得很难看。

那天手机也没买，洛奇半路反悔，折回，送小枫回家，脸色难看得要命。

又是两三个月没有任何消息。小枫跟男友分手，中途又换了一个新的，长得算斯文，情绪稳定很多，又喜欢研究哲学，还投资了几处房产。一来二去，小枫觉得这个比上一个好，打算再试试看。她很清楚地感觉到哲学家对她的好感 —— 奇怪，除了洛奇，小枫可以轻松判断出几乎每个人对她的感觉，喜欢的，不喜欢的，凑合的……她不是个傻子，却沦陷在洛奇的怪圈里。

必须远离这个男人。

可是，有些事情真的可以控制吗？每次洛奇以各种各样的方式跟她联系的时候，她一定第一时间回复；每次洛奇需要她出席他那些奇奇怪怪的聚会的时候，她也第一时间响应。简直像个忠诚的花痴，随叫随到，毫无怨言，白天到黑夜，生来像为了配合别人的安排存在的。小枫一边诅咒贬低自己，一边急急忙忙犯贱，可是她根本没有爱上他，她只是被他的奇特、不按理出牌吸引而已。醒醒吧！犯贱女郎，你不是人家的任何人，你只是一个鬼鬼祟祟的路人甲！

发了毒誓以后，小枫强迫自己人格独立，洛奇从她的心灵世界里消失了，她打算删除他的号码，做到不关心、不敷衍、无所谓，让上帝的归为上帝，恺撒的归为恺撒，互不相欠，一别两宽，各自欢喜，蛮好。

这天晚上，哲学家打电话约小枫吃饭，似乎话里有话，罕见地吞吐。小枫心想：莫不是要求婚？竟然有点胸有成竹的小愉悦，也盘算好如何假意拒绝，拖几天再说。求就答应，岂不是太没面子？看看我们的小枫，果然是女中精灵，小伎俩傍身，谁怕谁！

她穿戴整齐，春风得意。她要开始人生新篇章！半路上，接到了洛奇的电话，说要见她，小枫拒绝说有约会，洛奇说哪怕见一面也好，但是一定要见，有很重要的事情，10分钟足够。小枫再次拒绝，洛奇不依不饶，小枫败下阵来，问几点，洛奇说6点钟。

跟哲学家约的时间是7点半，小枫迅速找到两全之策，如果6点见洛奇一面，三言两语立刻再去见哲学家，两不耽误，两全其美，10分钟，她还是有的。就这么定了。

不是不再理他了吗？下次再说。

路上，小枫一直在看表，紧张到不行，她害怕耽误自己的终身大事，又没办法做到彻底无视洛奇，这算是怎么回事？这天也奇怪了，哪里哪里都堵车，本来20分钟的车程，30分钟只行走一半，小枫急得要跳车。时间啊，就这样一秒一秒地走，6点过去了，马上就要6点15分；6点15分过去了，马上就要6点半。苍天啊！这偌大的城市，想见人一面，10分钟，三言两语罢了，怎么这么难？

哲学家来电话提醒小枫不要迟到，强调了三次，一定不要迟到哦，有惊喜！小枫挂掉电话，面色灰暗地想，堵车这借口不错，说句话的时间总会有的，哲学家反正是扑着一生来走的，偶尔迟到一次，也无关紧要吧？

就在7点钟快要来临的时候，小枫已经彻底精神崩溃，车河还是纹丝不动，大家说好了一般让时间停住，仿佛故意跟她作对，又仿佛集体看她笑话，这一刻，小枫好想大哭一场。有些事情，真的无能为力，比如静止的车河，比如狂奔的时间。

洛奇一遍遍电话催促，小枫绝望地看着路况，她没办法接电话。正巧冬天的风雪又突然降临，原来前方出了一点车祸，一个骑三轮的老人被撞倒，车子和人就这样横在马路中央，有一辆公交车为了躲避老人，直接撞到了护栏上……

这天晚上就是这么绝望，她自作聪明答应了两个约会，本以为神不知鬼不觉两全其美，谁想到一场车祸耽误了她两个约会，洛奇的电话终于不再催，哲学家也沉痛地说：我明白了。

世界一片死寂。

你明白什么了？你又怎么不催了？给他一生，给他 10 分钟，怎么就这么难？仅仅因为一次失约，一切就化为乌有？不就是迟到，搞成什么隆重又矫情的伤害！

睡觉。

第二天醒来，洛奇发了条短信给小枫，说："晚上一直在等你，以为你会来的，可惜你没来。其实这是一个告别宴，现在我已经坐上离开北京的列车，我要去实现年轻时候的梦想，这几年一直说要去看看西藏的蓝天和新疆的姑娘，现在终于能够成行。小枫，再见也许无期，我会一直记得你。"

握着手机，小枫哭得泪流满面，她后悔自己太任性，当时她完全可以跳下出租车，500 米内绝对能够找到一个地铁口，一小时不到就会见到洛奇，他们可以聊一小时。可是她什么都没做，除了坐在这里焦虑、发呆、烦闷，她什么都没做。这一刻，她对自己失望透顶，如果他告诉她要离开，她应该能够摒除一切麻烦去见他吧，而且堵车算什么麻烦，只是一个借口，一个灵魂上慵懒的合适借口而已，反正有的是时间反正有的是机会，然而——她真的完全认定自己对洛奇没有一丝好感吗？

她开始回忆他们认识的点点滴滴，那些纸醉金迷、不说人话的场合，那些酒过三巡歪七横八吹的牛皮，那些曲终人散后孤零零地送别，洛奇时而激愤时而落寞的眼神，洛奇透过人群越过来的眼神，洛奇似有若无却总是对她紧紧不放的任性……

后来在一次偶然的场合，小枫听到有人谈起洛奇，先是大家互相呵呵一气，接着有人说他前几年一直混得很惨，生意被几个男人骗过，感情又被几个女人骗过，包括他领来给大家认识的女孩，也不过是捞了一笔就走人，他偏偏又爱面子，借钱也要请客。还有人说，他只是麻醉自己，不肯接受现实吧，一个梦呓症患者，呵呵。小枫听不下去，黑脸走人，众人讶异，又似乎齐齐发现了奸情，哈，小枫终于帮这帮人定了论，有什么了不起？不就是怀疑他们有奸情吗？

一帮无可救药的俗人，对人除了讥讽、偏见、污蔑就是鄙视，自己又是一帮什么东西？从来不买单的败类！

最后一次跟洛奇见面，是在3年后的一个毫无预告的夜里。小枫正出门散步，洛奇用一个陌生的号码打来电话，小枫非常意外，接着惊喜。洛奇说："回来了，但是马上又要走，见一面好吗？"

小枫火速到达。

洛奇瘦了好多，他摘下了帽子，换了成年人应该穿的衣服，小枫竟然发现自己从来没注意过洛奇长什么样。按照他的话，他们认识了十几年，其中的三五年内频繁见面，甚至产生感情波动，可是她竟然连他眼睛大小、嘴唇厚薄都不知道，倒是如今，大家赤诚相见，像两个陌生人。

这天晚上洛奇跟小枫聊了很多，真的像两个陌生人，聊了好多话题，说了好多人，甚至谈到美食，各地风光民俗，以及价值观、生死观，认识十几年，不及这一晚。洛奇似乎有点喝多了，说："小枫，这么大的一个城市，我打了通讯录里所有的电话，这么晚肯出来陪我喝杯酒的，竟然只有你一个人。"这句话让小枫很尴尬。洛奇接着说："有些人，走到哪里都不能忘，比如你。"

也许是因为重逢，也许因为重拾，也许因为喝了酒，小枫忽然大胆起来，她说："你为什么一直说我们认识十几年？"

洛奇微微一愣，哈哈大笑，说："随便一说，这样显得感情深。"

小枫又愣住了。

洛奇说："这些年漂泊的日子，厌倦了，决定结婚，结婚前，陪我疯狂一下吧。"

小枫刚要答应，忽然又觉得不对，洛奇接着说："这世界所有的美好，都是因为有你。"

此时此刻，小枫已经完全清醒，她抬起手腕，看了看表，差10分就12点了，她说："对不起，我要回去了。"

洛奇说："回去？"

小枫说："是的，我要回去了，今晚很高兴——新婚愉快。"

洛奇怅然说："至少，陪我把今年过完吧？"

小枫说："不了。"

洛奇：……

在洛奇的巨大失落讶异中，小枫却在隐隐作笑，又想到这些年大家对他们龌龊的猜测以及自己不屑一顾的洗白，再想到他说过的十年原来只是胡说八道。打一通电话之后只有自己大半夜跑出来陪伴，再想到他的那句"结婚前陪我疯狂一下"，小枫真想大笑一场。真的，如此幽默的结局，如此悲壮的故事，时间跟她开了一个什么样的玩笑，又以什么样鬼怪的嘴脸端详着这个玩笑的发展？

她决然而去，车门关上那一瞬间，她祈祷：他可千万别搞文艺桥段，比如又扑街狂喊"我喜欢你"之类不值钱的屁话。

路上，她收到了他的短信，他无比深情又无比矫情的一句话：你跟我之间，竟然就差 10 分钟。

爱情和奸情之间一线之隔，10 分钟，小枫做了决定。

全世界都判定这是一桩奸情，包括洛奇，十年感情是随便说说，有事没事暧昧是顺便而为，轰轰烈烈离别是为没人搭理，疯疯癫癫提出邀请是为结婚前疯狂……而纯情如她，竟然一直盼望出现奇迹，出现爱情，在犄角旮旯里找寻爱情可能存在的踪迹。就在 10 分钟之前，她潜意识里还一直固执地以为他们至少有一点点真情，即使不及"爱情"这样伟大的话。

无比庆幸。

顾　小　姐　的

男　　　朋　　　友

————————————————

　　我一直想写一写顾小姐的故事，一直到昨天，给她庆祝了18岁生日（从18岁以后，顾小姐每年都只过18岁生日了），才恍然发现竟然一直没动笔，刚准备动笔，却听说顾小姐发烧了。

　　顾小姐发烧了，莫名其妙毫无征兆，下午还活蹦乱跳跟朋友喝茶聊天，晚上忽然就倒下了，温度计显示体温39.2摄氏度。

　　顾小姐一个人在北京读书，住在学校的宿舍。因为临近毕业，很多人已经开始陆续离开学校，有的是实习，有的已经找到了工作，宿舍里只有她和另外一个女同学。据说这个女同学也是奇葩一个，平日里电话卡要充值喊顾小姐帮忙，食堂饭卡没钱了拿顾小姐的用，真到顾小姐发烧求她顺路带点药回来的时候，女同学回答："呃……我手里拿着快递，不方便。"

　　顾小姐平时虽然骄傲任性，但是她不是病秧子，大冷天穿着短裙能在街上逛三四个小时，要不是店铺关门她还能继续逛下去，用她的话说，虽然感情脆弱，可是咱身体倍儿棒啊，女汉子即视感有没有？可是顾小姐真不是女汉子，她是个不折不扣的大美女，肤白腿长网红脸（百分之百纯天然），还有一个有钱的老爹，传说中的"白富美"是也。

顾小姐的恋爱之路极其坎坷，白富美只是外在，其实是个傻白甜。跟男生出去约会，总害怕对方认为自己是个爱贪便宜的主儿，所以走着坐着吃着喝着都抢着买单，买来买去，自己确实建立起不爱贪便宜的形象了，无奈把全世界爱贪便宜的主都给召唤来了。

前前男友就是这样一个奇葩。当年他刚认识顾小姐就发动了全方位的追求攻略，嘴里含着蜜，腿下生着风，上刀山下火海，不喊累不叫疼，风里来雨里去，24 小时奉陪，哪儿都有他，混完了脸熟大法就开始卖弄小聪明，口算心算都用上了，就差没正着倒着背乘法口诀了。他致力于打造天赋异禀的"男神"形象，虽然贼眉鼠眼尖嘴猴腮。顾小姐一开始并不喜欢他，觉得他有点浮夸，样子也不是自己喜欢的类型，但其实后来顾小姐发现，她喜欢的男人都是这个类型——满嘴跑火车，歪鼻子斜眼心术不正，不着四六的浮夸小青年。但是，因为他真的表现得太诚恳，太真挚，太感人，顾小姐心一软，稀里糊涂，这个男人就变成了自己的男朋友。

做顾小姐的男朋友真是一件幸福的事。她除了约会抢着买单，还有一个习惯就是送人礼物。她喜欢购物，隔一段时间就要飞到香港去"血拼"，大包小包拎回来一个移动衣橱，外加无数鸡零狗碎的东西。前前男友就这样被顾小姐从头到脚打扮成潮男，据说不是名牌根本看不上，某宝的东西一概不屑，穿就穿高级的，吃就吃高级的，去就去高级的。于是，几个月下来，他以高级为噱头，带着傻白甜顾小姐转遍了北京城的各种花钱场所，当然都是顾小姐买单。顾小姐大开眼界，觉得男朋友真是棒极了，见多识广，顿生爱慕，前前男友也就吃喝玩乐一条龙，浑浑噩噩度日。

前前男友不但腿勤嘴甜，脑子也挺活。有一次他给顾小姐讲了一个笑话，说这个时代怎么能快速发家致富？手机摇一摇，就能摇出一个陌生人，开个玩笑问他要三元钱红包，没人那么小气吧，会不给？嫌太多可以少点，一元两元都是爱，三元五元不嫌多，十元八元您仗义……就按最正常的三元钱来算，一天摇十个出来就是30，心情好了摇100个，就是300，怎么样，比上班赚钱快多了吧？顾小姐哈哈大笑，觉得男友太有才华，太幽默。

可是很快，顾小姐就发现男友变了，举止各种奇怪。先是越来越不热情，后来干脆隔三岔五消失，甚至一周都没个消息，问起来就说忙，一天到晚忙，仿佛突然进了特工队，但明明还是那个朝九晚五的小职员。

被热情似火的真诚打动的顾小姐可受不了这突然的改变，各种生气发火斥责，男友是打不还手骂不还口，永远在道歉，从来不改变，这下激怒了顾小姐。

顾小姐确实是个有意思的人，虽然貌似傻白甜，可是在恋爱侦查方面的智商一点都不低。他的改变绝对有情况，没有无缘无故的冷淡，只有发现不了的奸情。于是她迅速地破译了他的手机密码和微信密码，果然发现了一个惊天的大秘密，原来这个男的手机微信里居然有一千多个女性好友……顾小姐傻眼了！

稳定情绪后，顾小姐立刻在小范围内做了一个调查：直男的手机里有多少个女的算是正常？那些正常直男的答案让顾小姐心碎，他们的手机微信联络人数，男女老少亲朋好友加起来，二三百是主流，有些跑业务的或者干微商的，四处求人加微信推销产品的，大概能突破五六百，再多的几乎没有了。

首先你不是明星，再次你也不是大神，接着你什么都不是，可是你有一千多个女性好友！

一千多个女性好友其实也不是多恐怖的事，没准人家办了一个女子学校（或者培训班），里面都是学生呢……恐怖的是，这一千多个女友们的微信头像几乎都类似：ET眼锥子脸，浓妆艳抹，衣着暴露，举着名牌包晒豪车甚至有游艇，怎么看都不是正经女孩子，他去哪里认识了这么多妖魔鬼怪？

然后她点开"认识方式"发现了另一个惊天秘密，那就是这些女的他基本是通过各种群聊认识。顺藤摸瓜，顾小姐找到了这些群，原来男友以单身的身份加入了无数个所谓的单身男女群，群内成员基本在三五百人，女的多男的少，男的基本是墨镜司机党，女的都是外围网红脸，群内的聊天记录基本是在互抢红包。顾小姐的前前男友确实是个人才，在他的红包记录里，抢到的大概一万多元，而发出去的连 1000 元都不到。

顾小姐后来才知道，这男的基本是靠坑蒙拐骗生活，除了抢红包，还谎称各种借口问各种女人借钱，三元五元不嫌少，三十五十不嫌多，三百五百的话就能山盟海誓，三千五千以身相许。原来当初摇一摇致富不是开玩笑，而傻白甜就是他的行动目标。

想起当年他狂追自己的那股子蛮劲，顾小姐忽然笑了，原来是这样，难怪每次吃饭都不带钱包，原来是找到了"长期饭票"，也不再纠结为什么他突然态度变了。有一次，他说他丢了钱包连打车回去的钱都没有，她以为他开玩笑假装没听到，没记错的话，就是从那次开始，他逐渐冷淡起来。

分手的事就不再多说了，总之顾小姐大病一场后认识了前男友，因为有前前男友的失败教训，她决定不再约会买单，不再给男朋友花钱，也不再送礼物。

顾小姐的前男友是个街拍潮人范儿，堂堂一老爷们，穿得像一只开屏大孔雀，一天到晚拖着华丽的大尾巴秀自己，但是其实他三角眼、小尖脸，长得獐头鼠目，人人都不懂顾小姐为什么喜欢这样打扮浮夸的男人，可是她有自己的理论——懂名牌说明他有文化，追潮牌说明他很时尚。顾小姐一直喜欢高级的东西，包括餐厅、用品、男朋友。

于是，在她自己的催眠下，大孔雀变成了男朋友。

其实还好了，大孔雀虽然外表奇形怪状，至少没有泡在女人堆里坑蒙拐骗满地捡钱。这充分说明了一个真理：如果你交往过一个糟糕的男朋友，你对恋人的要求就会一再降低，直到没有要求。

大孔雀也不是省油的灯。顾小姐无意发现他的微信好友里女人竟然也有九百多个。大孔雀为什么有那么多个女性好友呢？顾小姐曾靠机智破译了前前男友的手机密码和微信密码掌握了一手的罪证，可是大孔雀没那么笨，他甚至连看手机的机会都不给她，看到他的微信、通讯录还是她趁约会吃饭的时候用千里眼偷瞄到的，他不是明星，也不是大神，他为什么也有九百多个女性好友？为什么这些微信好友狂人都被自己遇到了？因为受过伤害心理有阴影，所以对于这位男友，顾小姐不敢太动感情，接着，好玩的事一件接一件来了。

大孔雀喜欢名牌，浑身街拍范儿，这是顾小姐最欣赏他的地方，但很快她就发现大孔雀是个某宝迷，一天到晚趴在某宝上找同款……没错，原来他是一个狂热的山寨品牌爱好者，从衣服到鞋子，就连饼干，他都买到了一模一样但是价格只有十分之一甚至更低的山寨品牌货。这事起源于节日送礼物，大孔雀说要送顾小姐一件很流行的卫衣，发来了链接让顾小姐挑颜色和尺码，顾小姐开始以为他只是参考一下尺寸，没想到几天后她收到了某宝从广东某县发来的"著名品牌"卫衣。

真是哭笑不得。最讲究品位的顾小姐收到了男友从某宝选的礼物,一件著名卫衣的广东版,售价 188 元,节日折扣价 98 元,还包邮。

欲哭无泪。

顾小姐开始怀念起前前男友,那个渣男虽然无耻,至少吃的穿的都是真货,为了买得起真货,他宁愿牺牲自己的人品走上了一条坑蒙拐骗的不归路,宁愿做"红包男",都不会买假货。而眼前这个孔雀,浑身穿着来自浙江、广州、福建生产的"世界名牌",吃着来自山西的"韩国饼干",脚下是来自山东的"意大利球鞋",头发吹得像一个被削坏的菠萝,就这样向她走来。

九百多神秘女微友和狂热的山寨爱好族其实不算重点,重点是大孔雀对自己的吸引力超级自信,动不动就要批评一下顾小姐的衣着:今儿穿得不够时尚,明儿腰不够细穿衣服不显条儿,后天又建议顾小姐去切掉眼袋。"显老。"他说。

顾小姐跟被下了蛊一样,虽然内心有无数的疑问,虽然一遍遍提醒自己不要投入感情,却不自觉地被大孔雀控制起来,今儿害怕吃多了长肉,明儿害怕睡晚了有皱纹,后天又觉得自己不够好看打算去韩国整容……减肥、美容以及狂买衣服变成了她生活的主题,被前男友伤害的心灵还没复原,又被这一任男友折腾得神经快要出问题,半夜噩梦醒来都好像有个人在旁边指着鼻子讽刺她：你太胖了，你太老了，你太丑了……

分手的时候顾小姐哭到崩溃，大孔雀却不以为然，分手辞还没致完，已经在朋友圈发甜腻腻的情歌暗示某个女的去听听自己心声了。

分手后她还得知了一个更可怕的消息，大孔雀是某个色情网站的红人，他几乎每隔一段时间都换女朋友，就在跟顾小姐交往的同时，他还交往着三五个女朋友，说来也奇怪，还都是挺好看的女孩，而且她们似乎还都知道彼此的存在。

顾小姐又大病一场，回家躺了两个礼拜，除了吃饭和睡觉，几乎什么都没做。

顾小姐发誓近期不再恋爱了，她觉得自己完全没有准备好，这两次的失败恋爱让她开始怀疑人生，否定自己。为什么总遇到渣男？归根结底因为自己太差劲吧，如果回炉重造，把智商情商充好值，肯定会获得一把天佑辟邪神剑，渣男们肯定就会自动被除掉吧？

单身誓言还热乎乎发烫，顾小姐就遇到了现男友。

185 厘米 85 公斤标准帅哥，笑起来牙齿很白，像硕大的太阳，照得周边的向日葵都亮了，能说会道爱开玩笑，上通天文下知地理无所不知，有房有车有户口，还是个如假包换的海归男。最重要的是，微信好友只有一两百人；最重要的是，帅哥对顾小姐一见钟情，并且体贴关心，无微不至。

顾小姐一下子觉得找到了人生的真谛，未来的希望所在，之前所有的不幸都忽然显得不那么重要了，那些都是因为要迎接真正的恋人而准备的挫折坎坷吧！昨日种种千辛万苦就换来了美满和幸福，歌词里是这样唱的，电视剧里不也都是这么演的吗？女主角历经艰难逆袭成功，遇到了人生最好的恋人，从此爱情甜蜜、人生美满……

"没准备好""回炉重造""充值"……一边去吧！顾小姐惊喜万分、兴致勃勃地奔向新的恋情。

帅哥确实不错，早请安晚问候，虽然工作忙但只要有空就陪着她聊天，转给她各种好笑的段子，动不动还会录个逗乐视频做各种小鬼脸哄她开心。顾小姐沐浴在爱情的甜蜜里，几乎忘记了自己曾经所有的不幸。

这样的热恋持续了一周之后，顾小姐准备跟帅哥见面。是的，他们没见过面，所有的一切都是网络上的交往。顾小姐是在一个交友网站上认识帅哥的，就像报复前男友一般，顾小姐也注册了交友网站，并且把网站上最受欢迎的帅哥拿下了。

被一群狂热"粉丝"追求的帅哥，在众多向日葵中看到了顾小姐，一个带着失恋的伤痕还没走出阴霾的小公主，他要用爱意点燃她被毁坏的灵魂宫殿，用诚恳来改变她对破碎的未来向往——顾小姐，见面吧！

说到见面，顾小姐倒没那么勇敢了，网上的交往给了她安全感，一旦落实到现实里，他们还能那么默契，他还能那么喜欢她吗？除此之外，顾小姐又开始陷入自我怀疑中：他会觉得我太胖吗？会觉得我的皮肤不够白吗？会觉得我的眼袋需要切除吗……前男友综合征蹦出来，顾小姐近情近怯。

几次约见未遂，帅哥有点失落，他理解顾小姐"还没有准备好"的状态，不打算逼迫她，但是态度一天一天冷淡下来。眼看一段好好的恋情因为自卑生生错过，顾小姐左思右想下定了决心：见面。

一周后就是她的 18 岁生日，顾小姐觉得选择生日跟他见面意义非凡：我们的相识从我的出生日开始；或者更肉麻点的：我出生的意义就是为了遇到你。

想想都觉得激动，可是帅哥掉了链子。就在顾小姐告诉他见面的决定之后，他忽然消失了。

在顾小姐的生日前夜，帅哥消失了。随着 0 点的来临，各路好朋友都开始为她送祝福，红包满屏飞，祝福堆成山，唯独没有他的。

他怎么了？到底发生什么事，这是为什么？平日里那些殷勤问候，甜言蜜语，体贴关爱呢？不是迫切想见到她，牵着她的手让她从此不再孤单吗？

朋友给顾小姐策划了一个非常完美的派对。在一个漂亮的西餐厅，就着烛光和洋酒，顾小姐迎来了自己 18 岁的生日，虽然帅哥没来有点遗憾，可是毕竟有一群朋友陪伴自己，也算是安慰。

在祝福的歌声中，顾小姐就要许愿吹蜡烛的时候，电话响了，帅哥匆忙赶到了，带着他的礼物——一只临时买的毛绒小熊，匆忙地赶来。顾小姐听到这消息几乎眼湿，朋友们也欢呼她终于等来了真爱，谁也没注意到那只比巴掌大不了多少的玩具小熊。

虽然跟顾小姐以及她的朋友们都是第一次见面，帅哥却一点都不露怯，上嘴唇挨天，下嘴唇挨地——贫嘴张大民再世，不一会就把场面给弄得很热闹了。顾小姐非常开心，虽然生日前夜的消失和过于小儿科的礼物多少让她不愉快，要知道朋友们送的礼物要么是赤裸裸的 666 友谊红包或者 1314 表白红包，要么就是价格昂贵的香水、化妆品以及香薰产品。小熊？拜托，你以为是幼儿园？可是他毕竟来了，赶来见她，所以其他一切都不重要了。

生日派对上异常活跃的帅哥先是展示了自己的嘴皮子功夫，接着又开始宣扬自己中西结合的价值观，无非就是热爱自由，不喜欢拘束，对人情世故看得很淡云云……他俨然成了派对的主角，频频举杯，觥筹交错，桌上的酒不一会全进了帅哥的肚子，豪爽架势不输水浒好汉。不过在喊服务员拿酒杯的时候，他皱着眉头语气严厉，倒是把朋友们都吓了一跳。把昂贵的洋酒当作饮料般咕咚咕咚下肚，以横扫全场的姿态连灌自己三四杯，然后两眼一翻，倒在座位上，醉了。

真是醉了。

买单的时候大家纷纷抢单，帅哥沉醉如烂泥，顾小姐觉得很没面子，本是自己的生日，却让朋友买单，着实有点尴尬。于是她提出一会儿要请所有人去酒吧继续第二场。听到"继续第二场"这几个字，帅哥一下子就醒了过来，他深情地拉起顾小姐的手，山盟海誓张嘴就来了，可惜，他醒来得有点晚了。

就在他醉倒的时候，顾小姐不客气地检阅了他的手机，有两个渣男的前车之鉴，也别怪她多疑多虑。看完手机之后，顾小姐明白了一切。原来，她真的误会了，像她这样被他宠爱的女子在通讯录列表中还有 6 个，这 6 个女生他都喊她们宝贝，连对她说过的一些暖心的话，都一模一样。而且就在他赶来为顾小姐庆生的两个小时前，他刚约其中的一个打完网球，在更早的时候，他约完其中的另一个看完电影。

顾小姐又发烧了。

过完生日，曲终人散，顾小姐拒绝了帅哥要送她回家的邀请，虽然没有揭穿他，但是她已经一切了然于心。

她回到学校的当晚，毫无征兆，体温就到了 39.2 摄氏度。在这样寒冬的夜里，刚刚过完 18 岁生日的顾小姐发烧了，同宿舍的女生因为手里拿着快递所以不方便给她买药，她的未来希望、生命真谛、完美恋人则不断地念叨一句话：亲爱的，你要多喝水，一定要快点好起来哦……

在持续的高烧中，顾小姐感觉头疼欲裂，每个关节都在作痛，每个细胞都被烧毁了。这时候，她多想有一个英雄忽然从天而降，带她去医院看看，陪她打一针或者买点药，哪怕在她身边帮她烧一壶热水，也比这些虚无的关怀来得实在点。

哦，其实帅哥也真的是用心良苦，除了劝顾小姐多喝水，他还录了一段视频给她，视频里他竖起两只兔子耳朵，摇摇晃晃嘟着嘴巴做着蠢萌的表情，歌词是即兴编排的，大意是让顾小姐乖乖好起来，不要让他担心。顾小姐看着那无辜的眼神和纯真的表情，想哭，却笑了起来。他和她都住在城市的东部，车程约十五分钟，公交车是五个站，走路大概半小时。

凌晨，顾小姐定了回家的机票，拖着被病魔折磨的躯体和被再一次打击的灵魂，离开了北京，踏上了回家的旅程。手机一直在闪烁，她也不想看了，此刻她无比虚弱，浑身大汗，只想好好睡一觉，北京也许不是属于她的城市，是时候考虑离开了。她迷迷糊糊在航站楼里等着厌恶的深夜航班到来，她的手机里闪闪烁烁，是同学的留言：顾小姐，你赶快回来相亲，这个是十全十美的男人，有房有车有存款，千万别错过，马上订机票。

情　人　知　己

_____

开　始

开始是这样的，跟任何一段寻常的开始一样。

俊男美女，偶然相逢，眉来眼去。不过，我们这个故事里的俊男美女只是普通男女，面目普通，放在人群中，刷一下可以淹没的那种，因为过于寂寞、矫情的粉饰，他们有时候也可以认为自己能够有惊天动地的爱情故事。

但是，他们就是普通男女。

说普通也不普通，女人 31 岁，男人 30 岁，听听，这不像发生美丽故事的年纪吧？想象一段催人泪下的爱情故事，男人应该 27 岁，女人，则应该 22 岁。

这样的年纪，不管在哪里，用什么样的方式相遇，一定会有故事，一定会美好，一定会好听。所以说，31 岁女人跟 30 岁男人的故事，就不太可能太普通。

据说如今人类对年纪宽容了许多，以前过了 25 岁就奔向中年，如今 35 岁的人，也好意思理直气壮地说自己是年轻人，还会死赖着要过过儿童节什么的，虽然外人看上去比较可笑，自己还能有点借口安慰自己——没那么老啦。

好，开始是这样的，一个 31 岁的女人，即将奔向 32 岁，和一个刚刚过完 30 岁生日的男人，以寻常男女的方式认识了，眉来眼去，偶然相逢，为对方停留了一下，然后就发现对方有可能会为自己停留——人到中年，各项指标都滞后，唯有经验值噌噌地增长，看眼神就知道，个个都是口蜜腹剑的狐狸，经验傍身，安全行走，什么都不如安全重要。

花了五分钟，他讲述了自己的过去，两个女友，分别劈腿，其中一个是跟前男友跑了，悲壮又消瘦的男人，正好是她年轻时候喜欢的类型。考虑到吸引力的问题，她不小心撒了一个谎，隐瞒了 6 岁——绝对不是故意的，只是眉头一低，顺嘴就说出来了，好像年龄能够给自己一些安全感，反正觉得跟对面这个男人也不太可能有旷日持久的关系，最多就是相恋一场彼此遗忘，所以有一些资料不必急吼吼地供应，来日真的情投意合，再忏悔坦白也不晚。

他似乎也不怎么在意这些，他眉间有淡淡的哀愁，似乎还没从劈腿俱乐部里走出来。她再次审视了一下他的脸，觉得有一种说不出来的熟悉感，很多人被类似的感觉吸引，忘乎所以，意乱情迷。32 岁，再意乱情迷一次算了，她不断在心里安慰自己，抬起头来的时候，她勇敢地放射出了邀请的信号，他接住了。

一个溺水的小兵，若见到一根善意的绳索，大概都会忙不迭爬过去抓住，水下激流湍急，妖兽众多，再热爱大海的人也不敢没完没了地遨游，大概都是脚一伸，试试水温，抓住根绳索就上岸，晚一步都得排队做咸鱼，何必。

这绳索不够强壮，她暗自笑笑，32岁，有过无数次失败的恋爱，后来也是抓着一根绳索就上了岸，发现风光无趣。目前她跟那个"救命上岸"的人保持着若有可无的关系，他常年在国外生活，完全照顾不了自己，除了每天通个无趣的问候电话，她几乎忘记了拥抱是怎么回事。

如果仅仅是一种类似精神方面的交往，应该不算背叛吧？有一次电话里，大洋彼岸的他跟她说："应该多交往一些朋友，让生活过得有趣点，你的生活太单调了。"

对于如此"体贴"的伴侣，她也不知道该不该心存感激，总之她决定说谎的片刻，就已经接受了这个善意的建议，他，就出现了。

每天清晨，他打电话问候她早安，语气愉悦、轻松，又带点调侃。拉开窗帘，一缕阳光照进来，这样的早晨，她以前从没经历过。

218

中午，他都会问她吃饭没有，累不累，像个交往多年的体贴男友，天知道他们认识才只有几天。

下班的时候，他会提醒她注意路上车辆，回家后给他打电话。他下午好像特别忙，他是一个服装设计师，似乎每天下午都要应酬一些难缠的客户，回到家第一件事就是打电话给她，语气中略带一些疲惫，却还是这样孜孜不倦地维持着如此紧密的联系。

这倒是她始料未及的。

以前的恋爱，那些失败的恋爱，大多因为对方漫不经心，或者不够体贴，包括远在天边的正牌男友，也总是零零星星，仅仅保持着"没有断裂"的关系而已，他却给了她全方位的关怀，这不正是她想要的吗？

没有安全感的人，大抵都是藤蔓心理，希望能够有个坚强有力的树干，让自己牢牢绑上，结结实实地盘踞生根，心安理得地茁壮成长。可惜，那些歪瓜裂枣们……不是根不牢就是干不直，不提也罢。

可是，也不得不提醒自己，他也没多说什么，只是这样突然进入关怀备至状态，又没有承诺，甚至没有表白，这算什么？不知道。

他应该是喜欢她的——经验告诉她，如果一个男人不喜欢一个女人，何必浪费这些时间在她身上？人人都现实而精明，没有回报的事情谁肯做？除了感情这件事之外，没有例外。

她很享受他对她的关怀，可是别忘了，她是个 32 岁、有固定男朋友的女人。她又很担心他忽然表白，这样的紧紧相连又含蓄为定型的关系，其实是最佳状态，她不必内疚，他也不必羁绊，两个人又彼此愉快，确实不错。

他骑了辆自行车来找她，他们对视笑了半天。她很自然地坐了上去，他伸手，很自然地把她的手拉到他的腰间，亲切地笑了笑，骑车而行。这一刻，她笑得像个傻子。

这样的情形，在还相信爱情的年纪，一点都不陌生吧。什么时候关闭了这些感觉器官，只是审时度势地观察，不合时宜地一直清醒，算计着得失，把风险降到最低，可是快乐呢，快乐去了哪里？

在夜晚的星空下，他跟她并排走，两个人不知道怎么了，就一直傻笑，笑一会，走一会，然后抬头看看星空，虽然雾霾的星空完全没有星星，两个人还是充满渴望地看着遥远的那一片黑蓝，她甚至感觉自己的脸颊发烫，浑身的细胞都似乎在苏醒。她偷偷看着他的侧脸，轮廓明显的嘴角一直上吊，笑意掩盖不住，这应该不是伪装的吧？虽然已经过了纯情的年纪，可是此刻的他和她，就像两个未经世事的少年和少女，干净得像皎洁的月亮。他像个雨刷子一样缓缓地刷干净了她一直雾蒙蒙的灵魂世界，让她开始看到了美景，看到了明亮，看到了希望。她对于他来说是什么呢？是雨刷，还是月亮？

自然地牵手，自然地互相注视，自然地默契，他却从来没开口说些什么，这应该就是最好的状态和时刻了吧。

晚上固定的时间，远方的男朋友打来电话，说了几句，她的脑子已经跑到他白天给她发的损人段子上去，忽然克制不住，咯咯地笑起来。他有点诧异，问她怎么心情这么好，她掩饰不住，干脆笑了好久，说起那个段子，笑得上气不接下气。他听完之后，简短地说："哦，我以为，你对这些东西没什么兴趣。"

挂了电话，她还是在笑，笑了好久，才发现这段子确实没什么意义，原来快乐如此简单，只需要出现一个人，这个人带来的一切无聊风雨，都会变得有趣。

亲　密

很可怕的习惯正在慢慢养成。据说，最有效的追求一个人的方式就是让他暗中养成习惯。

比如说，固定的时间打电话，固定的方式见面，固定的形式，固定的用语。一旦这个固定真的固定住，然后突然打破，对方一定会全面紊乱，彻底沦陷。

他不知不觉，已经给她养了一身坏习惯。

早晨起床，再也不依赖枯燥的闹钟，他电话一响，她满心欢喜，这一天算是愉快地开始了。走路去上班，乘地铁，换乘，出地铁，这一路上他都在陪她，哪怕两个人互相只发表情，想着一个人在全心全意陪你，也足够开心了。

中午，他一定会打电话，问她吃什么，她会样样汇报，甚至路上捡到一分钱，刮发票赢了 5 块钱，同事说她发型不够好看这些芝麻绿豆的小事都跟他说。他也差不多，吃的什么，在听什么歌，遇到了什么刁难客户，发生了什么小插曲，都会第一时间告诉她——原来两个人的关系竟然可以这样，彼此参与，绝对融入，亲密无间……

亲密无间……

她有男朋友，远在国外，正在为他们的未来忙忙碌碌，她在国内，原地踏步，不愉快了好久之后，忽然遇到了这样一个人，还是在他的鼓励下。他说让她多结交朋友，改变一下生活，真可怕，有的人真的可以改变我们的生活，不知不觉，潜移默化，自然而然地就镶嵌进来，自己却浑然不知，满心欢喜。

最重要的是，如果换一个人，比如说国外的男朋友如此细心体贴的关心，愿意跟她时刻交换生活讯息，她想了想，自己是不愿意的。所以，还是因为是他，一切只是因为是这个人，才会如此合拍和愉悦吧。

他，30 岁的年纪，其实对男人来说，这年纪刚刚好，不再幼稚，又还没有彻底垮陷，如果运气好，仍然可以保持天真的一些内在。这些年，她发现天真的内在是多么珍贵的东西，大部分的遗憾是因为没有这个天真的内在才会导致和发生的。天真的内在跟年纪没有绝对的关系，有一些人一出生就很复杂，迅速进入成年人的状态，一直到老；有一些人，即使不再年轻，仍然能够偶尔流露出一些简单的东西，因为稀缺，所以吸引人，所以……吸引她。

她不知道他怎么想的。走出劈腿阴霾了吗？还会隐隐作痛吗？还会想起那些离开他的女人们就顿生愤懑吗？其实无所谓啊，她们不配享受他的好而已。她有时候想安慰他一下，虽然他们的状态如此亲密，如此和谐，这中间却始终隔着一条无桥可过的地带，那就是"感情地带"，就是他俩现在是恋爱的状态，却没有名分，这不算恋爱，可是这算什么呢？

她是个骗子——不是有心也算是欺骗，没有骗钱也是说谎，本质上是一样的，她不是真正的自我，她只是随口捏造的一个年轻单身女孩，又正好有空全天候配合他的温柔，如此而已。

他喜欢我吗？多少次她含情脉脉地看着他，希望他哪怕多一点表示，可是没有，什么都没有，却能够随时牵起她的手，就像打个哈欠一样自然，像过马路扶住栏杆一样随意，像热天拿起一瓶矿泉水一样无心。

纠　结

这天晚上，他忽然打电话来，约她去看一个她兴趣不大的电影。当时她正在跟同事吃饭，几乎是立刻，毫无迟疑，起身就走。同事颇有微词，她也顾不上解释，忙不迭跑去，因为过于着急，甚至高跟鞋的装饰带都断了。虽然沮丧，她却还是满头大汗地赶到，他远远站在影院的门口，正在侧身打着电话，电话说得情意绵绵的样子。她的心凉了一下，又立刻提醒自己过于敏感，假装无事等他讲完电话转身看到自己好了。可是这电话讲得真悠长，他的表情如此愉快，有一种漫不经心的松弛感，从他表情判断，这绝对不会是一通业务电话，也不会是重要事情的电话，这通话的对象若不是关系亲密的女人，就一定是好成一团粥的哥们。

他还是看到了她，并不是因为通话结束，而是他谈笑风生转来转去的当口，看到她在远处等他，他立刻收了线，冲她招手，快步走过去。一见面，他就拉起了她的手，甚至没有注意到她脸上根本遮掩不住的阴霾，或者是根本……不在乎？

这场电影看得极其无趣。

因为心里存着芥蒂，怎么能若无其事呢？她无精打采，他却津津有味，一边看还吃了点零食，间或对她展露灿烂一笑，牙齿很白，一看就是生活习惯很好的男人。她不由受了点感染，暗自责备自己，但是情绪的钟摆一旦乱点，想再调整过来，需要点时间。

电影结束后，他带她去吃夜宵。他胃口极好，点了很多美味，忘乎所以地品尝；她举着筷子，这个犹豫那个迟疑，竟一口也没吃。

他不是很温柔，很体贴，很细致吗？她这一晚上情绪如此低迷，看片如此沉闷，饭都吃不下去的状态，他看不见吗？层叠的愤怒感涌上来，白痴如自己，他一个电话就像个差使一样赶来，连高跟鞋都跑坏了。这种勇气和热忱，简直太傻了！她越想越生气，这算什么？他无视她，不在乎她，她不配得到他的察言观色吗？

确实不配，自始至终，他没有说过任何情话，也没有做出任何过分举动——如果牵手算的话，也就是唯一的暧昧举动，不过也许他只是拿她当一个要好的朋友，谈得来的知己，知己之间握握手，搭搭肩，不是再正常不过的行为吗？只是她理解有偏颇，才会导致感情的阀门又打开的危险吧。她很了解自己，只要打开，绝对是泄洪，倾盆大雨，让人无奈。多少次了，她把人吓跑，那些失败的恋爱，如果她能够审读一下自己的内心，她就会羞愧地承认，所有失败恋爱的原因都是自己的问题。她像个饿扁的毒蚊子，爱情就是指引她的光，一旦看到鲜活肉体，她就会奋不顾身地扑过去，贪婪吮吸，直到把对方吓跑……

吃完夜宵，他要送她回家，她默默地跟在他身后。走到一个十字路口的时候，她突然停下来，对他说："好了，就到这里吧。"

他愣了一下，说："可以吗？还是送你到楼下吧。"

她说："不必了。"

他也没有再坚持，潜意识里，她想，如果他再坚持一下，也许情况会不同，可是他没有，就像他整个晚上一直无视她的沮丧一样，他若无其事，礼貌周到，多一分关心都没有。

回到家，她给他发了一条信息，大意是说，认识他很开心，一切到此结束，希望他能够尽快遇到心仪的对象，谢谢他这段时间对她的关心。

发出这条信息的时候，她抱着手机大哭了一场，她曾经以为找到了人生最重要的感受，最合适的人，她甚至动了动分手的念头，可是一想到他还没表白，她还没坦白，分手的念头就暂时搁置下了。表白和坦白还没有列上日程，竟然先要告别了，这夜静静的，不知道他看到这条信息是什么样的心情。她无从知晓，就像潜意识里希望他多一点坚持一样，发出去信息她甚至还希望他会立刻来电话，立刻到楼下，立刻反对、阻止，可是他什么都没有做，甚至连信息都没有回。

电话响了，她抓起电话，确实是男朋友打来的，照旧问候一下，保持不间断的联系，她的声音略微有些沙哑，他劝她多喝点水，早点休息。挂掉电话，她觉得自己快要疯掉了。

反　悔

大概有三天，他们完全失去了联系。其实应该是说，自从那天晚上，她发了那样一条信息之后，他再也没有回复过她任何字句，他消失了。

早晨不再有人打电话叫她起床，中午也没有人问她吃的什么，晚上也没有人突然骑车来找她或者约她看电影，她的生活忽然跃上顶峰，又突然恢复如初，她难以忍受。一天能对着手机看上几百遍，刷一下各路朋友的消息，看一看国家大事，收到一些乱七八糟的垃圾短信，唯独没有他的。

　　他就这样，问都不问就接受了这个告别的决定吗？他真想得开。

　　算了，本来就是一场无稽之恋，甚至可能只是自己发神经的单恋，使劲放大了他的优点，让自己逐渐感动，最后现实给了她狠狠一巴掌。

　　晚上，她破天荒地约了几个朋友去酒吧喝酒，心情不好，唯独喝酒可以解忧吧。竟然心情不好到需要酒精解忧的程度，真不像一个安分的成年人，不过，管它呢！

　　三五个朋友，各有心事，有的在烦恼工作，有的在烦恼婚姻，有的则郁郁闷闷只是喝酒，神情寥落，完全没有心思攀谈。窗外下起了雨，雨和酒精，都是情欲的催化剂，在这个晚上，这个凌晨的时刻，她多么想忽然遇到他，偶遇最好，抓着他的领子，问他到底怎么回事，干吗对她那么好，又突然对她不好，为什么？

　　也只有喝醉了酒，才有这样放肆的胆量吧，若果他真的出现，恐怕她只会满肚子委屈生咽，还要表现出良好风度，你好、再见、谢谢、祝福什么的……成年人的枯燥和禁忌太多、太闷、太无趣。

酒喝多了，听到酒吧里的歌手在低沉又高亢地唱：夜空里最亮的星／能否记起曾与我同行／消失在风里的身影……她不知道这是什么歌，但是这几句歌词就着雨点和酒，一下子沁入她的脾肺——那么想他，干脆就主动联系他好了，为什么还要在乎那些规则和禁忌，那些男女关系中的矜持，那些没必要的克制呢？

她给了自己鼓励之后，生平第一次主动给结束关系的男人发了短信，她说："下雨了……喝醉了……"

几分钟后，他发来了信息，问她在哪里。她眼含热泪，饱含委屈地随手拍了一个窗外的照片给他，他没有再回话，她正琢磨着再怎么跟他解释忽然告别，忽然又联系这件事的时候，他说："等我，马上去找你。"

当真如过山车的关系，他竟然可以在短短的几天内让她情绪有这么大的起落，欢喜、焦虑、失落、伤心、狂喜，峰回路转的狂喜啊！她后悔自己没有好好穿一件漂亮的衣服，好好化个精致的妆，他看到了她随手拍的照片，就已经知道她在哪里，或者说他花了一些小心思，去辨认了路牌和坐标什么的。总之，他说："我就来。"

她紧张得不能自已，冲到洗手间看自己是否不堪，夜的光线中，很难有好看和难看的区分，她倒是要感谢这夜晚，给了她莫大的勇气。她焦虑到不能自已，从洗手间出来，头重脚轻，干脆去楼下走走。她没有惊动任何人，只悄悄地下楼去，站在门口，看着淅淅沥沥的雨水从屋顶的边沿掉落，看得入神，心脏一直在狂烈地跳跃，脸上如何掩盖都没用，心跳如狂。

电话响，同事说，有个人来酒吧找你。她的心提到嗓子眼，怎么回事，竟然没有看到他上楼吗？她来不及多想，噌噌地跑上去，气喘吁吁来到楼上，他一下子抓住了她的手，就势搂她入怀……

就像一场梦。最美好的梦也莫过如此吧！

她突然哭了起来，他什么话都没说，就这样抱着她，一句话都不说。旁边的朋友都已经惊呆：她怎么了？他是谁？她不是有男朋友吗，他不是国外那个啊……

顾不上多想了。

风　波

这天晚上的突发事件造成了两个后果。

一个是朋友们之间传开了，说她正在经历不伦之恋，传得神乎其神。一个男人，凌晨两点钟，冒着大雨赶来，两个人见面就忘情拥抱，痛哭流涕——当然，其实根本没那么夸张，但是传播的人总希望有更多的噱头来吸引听众，传来传去，几乎所有她熟悉的人都知道了酒吧这一档子事。

她一直是个没意外的人，再疯狂爆裂的恋爱故事，她都绝口不提，提那些干吗，除了给人增加笑料，还能有什么作用呢？

另外一个后果则比较可爱，他们好像相爱了。

谁知道算不算呢？总之，他拥抱着她，她借着酒精和雨水哭泣。这天，他送她回家，她也就着雨滴和酒精，一直歪歪地倒在他的怀里，一直到家门口，他甚至想送她上楼，虽然最后没有成行——她还没做好这一步的准备，因为这一步对于她来说还有很多中间的工序需要处理，比如说，她的男朋友怎么办，她的年龄怎么办，她的谎言怎么解释，她的心事要不要再剖析一下。

但是这个一路上的拥抱，也许对她来说已经足够。

冒着大雨来看她，见了面就抱住她，如此不管不顾，义无反顾，她还会怀疑他不喜欢自己吗？对他来说还需要质疑，她是个无所谓的人吗？她真的已经完全投入进去，她也确定他对自己的好感，之所以迟疑不前或者关心不够，也许仅仅是因为以前受过的伤害太大，再行步诸多考虑……想起那首歌的歌词：再给我去相信的勇气／越过谎言去拥抱你……真是奇怪，他带给她的，岂止是唤醒和勾引，还有悲壮的伤感，她总想哭。

"再给我相信的勇气，越过谎言去拥抱你"——多么贴切，多么合适，多么精准！她开始后悔自己一开始的草率，为什么要随口说个年纪，他应该是不在乎这些的人，还是自己的虚荣心作祟，抑或是打着吊儿郎当的旗号，却忙不迭地投入情感，她总是这样荒腔走板，以前是为别人，如今是为他。

他们俩的状态又恢复如初，他每天叫她起床，声音昂扬地开

失恋餐厅
·

启她崭新的一天，带着好心情去上班，中间一直保持无缝沟通。他遇到了什么事她都知道，她发生了什么状况他也知道，只要不忙就一起吃饭，不管忙不忙晚上都会通电话，黏腻到不行，百分之百恋人状态，可是她还是在意一点点形式。

喜欢一个人，开始跟一个人在一起，是要有个仪式的吧，表白就是仪式，不管是什么方式，直接的、含蓄的、暗示的、明示的，总应该有一个人去拉开这段关系开始的帷幕。可是，怎么面对这场开始，她还没处理好自己的问题，她还不确定知道自己无意的谎言，他还能不能再有相信的勇气……这都是现实，也都是问题，她拿不准他的反应，甚至她有时候也想偷懒，索性就沉浸在这种不必面对现实的快乐之中吧！

她越来越不愿意跟男朋友多说一句话，真是奇怪的感觉，明明她大海捞针一般捞出一个稳妥的关系的人，他用坚定的、稳定的宽容捞她上了岸。虽然两人暂时分别，但是他们关系很稳定，也没有闹过什么别扭，甚至很少吵架，这在她以前的恋爱中是绝无仅有的一次，也不是真的那么好，只是连吵架的契机和热情也没有。她越来越觉得远离自己的这个男朋友是个可有可无的符号，只是一种慌促下的心理安慰，可是，这天晚上，男朋友说："这边的事情差不多捋顺了，最近回国，准备一下结婚吧。"

一句话，平平淡淡的一句话，就像往湖水里扔了一颗炸弹，此刻她心海崩裂，无法面对。

结婚？怎么可能。都在盘算分手，却忽然说要结婚？不行。

可是，借口呢？说自己背叛了感情，变了心，爱上了一个还不知道她年龄的人？过于荒唐。最关键，人家没有表白，没有准备恋爱，甚至没有考虑过结婚，以她 32 岁高龄，如果轻易放弃了这个可以跟她结婚的人，天知道再等几年，还能不能遇到另外一个不介意她太老，愿意陪她携手更老的人？

他呢？……拿不准。

这天夜里她辗转反侧，无法入睡，结婚那边她不置可否，而他这边，她又拿捏不定，这算什么呢？

意　外

就像一个站在十字路口突然迷路的糊涂虫，她发现成年人的决定真的很难轻松。

当然可以一口拒绝求婚，可是，就像世俗担忧的，她已经不小了，还有胆量轻易放弃到手的机会吗？如果答应结婚，从此跟男朋友变成夫妻，过上一日三餐相濡以沫的生活，从此把那个好容易遇到的让自己愉快的人生被剜掉吗？一想就不肯的事情，她真不肯。

结婚，她只是担心自己狼狈，而放弃他——绝不可能。

32 岁，能够遇到让自己动心的人的概率有多大？她已经不敢想象结婚后，当她变成 35 岁、36 岁、40 岁，她还有没有任何可能性再遇到一个喜欢的人。

不舍得，干脆坦白算了。

直截了当，说自己骗了他，如果他愿意，只要他愿意，她就能够放弃一切跟他走，天涯海角陪着他，跟着他去他向往的高原，去他梦中的沙漠，陪他吃苦挨饿也好，只要能够每天跟他腻在一起，就好。

还是有些惴惴不安，她找了一个女友倾诉了一下，女友帮她分析，也给了她鼓励，既然难得遇到喜欢的男人，既然他也喜欢你，应该不会计较那么多吧！

一些内心的期盼，通过别人的嘴说出来，似乎给了她莫大的勇气。就这么决定了，等不到他表白了，直接摊牌，如果接受，她就跟他在一起，放弃所有、固定的感情以及摆在面前的婚姻；如果他不接受，她还能有后路，去结婚好了，反正总是要结婚的。

这天，她主动约他见面，他似乎有点意外，说晚上可能要忙一会，让她找个地方等他。她突发奇想，说去他公司附近找他，他也没拒绝，告诉了她地址，并且一再嘱咐她，不要饿着，先吃饭，他一旦忙完立刻出来见她。她满心欢喜，又激动甜蜜地点头答应，到了他公司的附近，找了一个小小的、临街的咖啡店，百无聊赖地等着自己的未来。她忍不住笑起来，未来，这么恐怖，却又真的是这样，想起他无微不至的体贴，想起他怀里熟悉又让人心动的温度和气味，从此沉浸也愿意。

一个多小时过去了，他还在忙，中间打过一个电话，说自己快要手脚并用，来了一个刁钻客户，实在无暇抽身。她安慰他，没关系，会等你，不要着急，夜晚还长着呢。

是的，一生还长着呢，不在乎这一会儿。

咖啡店的菜单上写着 WiFi 的密码，还有一些乱七八糟的广告，她实在百无聊赖，搜了半天周边好吃好玩的，就启动了手机的搭讪软件，看看附近有什么样的人。

1000 米之内，有那么多人正在寂寞地聊天：19 岁的淘宝范儿少女，22 岁的高仿奢侈品推销员，25 岁的高挑白富美，27 岁的清纯邻家女孩……她一边浏览，一边觉得心生凉意，这个世界有那么多人，只要你愿意，你能够认识各种人，随随便便搭个讪，你就可以找到你理想中的那类人。在这一刻，她竟然忽然觉得自己很幸运，他这样的条件，随随便便搭个讪，18 至 28 岁的女孩随便挑选吧？样子不错，气质也好，做事沉稳，关心体贴，事业还小有成……如果他真的知道她 32 岁，一身沧桑，还有一个未了结的男朋友，他真的愿意并且能够接受自己吗？

烦躁。

咦？——当她翻来翻去，翻来翻去的时候，她竟然，看到了他。

真的是他，真是太意外了。她立刻翻了一下自己的资料，还好，什么都没填，不会暴露身份的。他竟然也开启了这个功能，难道他也在盼着或者已经在跟人搭讪吗？

她紧张兮兮的，再次确定了一下他的资料，他竟然坦坦荡荡，用一张大学时代的照片当头像，虽然跟现在的形象已经相去甚远，可是绝对是他，肯定是他，那眉眼的熟悉感，她不可能看错。

真的是太意外了！

她小心翼翼地跟他打了个招呼，他在忙，不应该打扰，可是好奇心真的太严重，打个招呼也无妨吧，不回也好，只当他好奇玩玩，注册个名字，其实根本不用，这样多好。

打了个招呼后没有五秒，他就回话了："美女？"

她傻了。

再　见

在她决定用搭讪软件跟他打招呼，他五秒钟回复后，两个人聊了大概半个小时，然后她决定离开。他还没有忙完，不过不耽误他一直在跟"美女"聊天。他真的太热情了，完全不认识，连个照片都没看，就呼前喝后称对方美女，熟络得要命，是多少次生疏的搭讪经验后，才造就如此彻底的轻浮态呢？

她怀着惊讶诧异和失落的心情，跟他天南海北地聊，他一句不漏，没有人知道他有一个一天到晚24小时保持不间断联系的女人就在咖啡馆无聊地等着他。他喋喋不休，又夸夸其谈，一会打探美女的爱好，一会分析美女的星座，他真是……太热情了。

她的热情就这样在他的热情里一点点地耗尽。她后来说："我们聊得这么投机，干脆见面聊吧？"他说："好啊，晚上我睡得晚，你能等的话，我去找你。"

哈哈……哈哈。

差一点，她就纯情到摊牌，然后等他的决定，拿自己未来相陪。原来如此，不过是一个寂寞的贱人啊！随随便便，谁都可以，见谁搭讪就是谁，不挑不选，真是厚道啊！自己竟然以为这样的人可以托付未来，竟然差点就像个蠢货一样缴械投降，竟然差点为这个贱人双手丢弃自己多年稳固的幸福？

她脚步趔趄地挤上公交车，她只想赶快远离，越远越好，他还源源不断地发着信息问美女怎么聊着聊着就忽然失踪了？他还想聊，哪怕有个傻子在巴巴地盼着他，他还是要扯着新认识的美女聊，还要约见。这样的场景，不知道已经发生多少回了，果然是不省油的成年人！30 岁的老狐狸，她硬给误读成陌上干净少年，这到底是谁的错？简直是笑话！

幸好，她还没摊牌；幸好，她还没表白；幸好，她还没冲动地截断一切投奔而来；幸好……无数的幸好，来完成这个充满嘲讽的结束吧！电话响，她哆哆嗦嗦地接起，他的声音昂扬，仿佛什么事都没有发生般，说："等太久了吧，对不起，客户实在太麻烦了，还要再等一下，另外，晚点还有另外的一些事情要处理，如果你觉得累，就先回家吧，我晚点给你打电话，记得吃饭，回家后给我信息……"

无微不至，又体贴入微。只可惜，一个念头，这一切就变成笑谈。

男朋友打来电话，她恍恍惚惚，竟然把刚才的事情叙述一遍。当然，主角由自己换成了"一个朋友"，男朋友听完这个故事，淡淡说了句："精力挺充沛。"

是的，精力真是充沛，这边 24 小时奉上关怀，却没耽误那边分分钟插缝调情，无限可能。

她有点不甘心，问："可是，他对那个女孩很好啊，好得挑不出毛病。"

男朋友说："什么是好？问候一下？也许只是顺嘴关心，不少块肉的。"

她哑然失笑，木立街头。

想起当初如此随意牵起的手，想起当初玩消失后对方如此淡定的沉默，想起多少次暧昧之外从来没有过多余的承诺，想起就在刚才还心急火燎说应付客户的虚伪……我喜欢你，但是，再见。

再见——不必当面说了，新时代的分手，不过就是拉拉黑，屏屏蔽，阻止来电就可以做到的吧，他甚至也不会问借口，只当是认识了一个神经病，他有的是精力和渠道呢！

走得太急，她差一点绊倒自己，路过的几个人看到她狼狈的样子，忍不住发笑，又忍住不表露得太明显，就像刚观看了一场讽刺剧，剧情虽然老套俗气，每次有演员表演，观众也还是会忍不住发笑。

谁也不必担心谁，谁也没必要嘲笑谁，下一秒，也许闹剧就会上演，情不自禁，投入无限。你是谁的谁？谁又是你的谁？去他的爱情，再见！

红　　花　　绿　　毛

决　　定　　去　　死

———————————————

N　　O　　.　　1　　2

　　"一起去死吧。"

　　"好的。"

　　说得容易！怎么死，是个难题。

　　<u>1</u>

　　"一起去死"这件事说了好久了，但一直没实施。

　　死最初是绿毛的主张，他说人生毫无意义，活着各种不如意，这样僵尸一般的人生，为什么要凑合？为什么为了活着一定要迁就这该死的生活呢？

　　也许绿毛只是说说而已，他习惯性地以哲人的方式去表达，又以中庸之态安抚好自己，日复一日，成了一个愤怒的平和者。就在他第 108 次吐槽生命无趣，却又迟迟不肯做出任何跟生活撕裂的壮举时，红花提了一个建议。

红花说："你说得很对，生活确实很没意思，苟活无异于被强暴，我们没必要被这无耻的生活轮奸，我们一起去死吧！"红花说这些话的时候，似乎笼罩上一种烈士的光辉，照得周边都发亮了，像一尊佛像，盛开在黑夜，吓得绿毛差点参拜。

理智回来的时候，绿毛呵呵笑了笑，说："别逗了。"

红花却坚定地说："我是说真的，你所有的感触，也是我的感触，我一直想不通为什么我们要这样虚无地活着，所以，不如我们一起去死吧！"

绿毛看着红花，她美而且脆弱，脸上带着一种顽固的天真，这天真一看就是没经历风雨才能保持的任性凝练而成，成年人脸上能保持这种天真，几乎是罕见。

扔掉手机，绿毛是个屌丝，朝九晚五，看人脸色，常年挂着太监一样讨好全人类的微笑。这假笑几乎已经变成一尊面具黏在他脸上了，有时候忘了撕下来，在镜子里看到自己那种脸，都想过去打一巴掌！

但是去死，谈何容易，怎么死？水电费不用缴了？信用卡不用还了？还有很多好吃的没吃过，好喝的没喝够，满大街漂亮姑娘一个都还没骗到手，满世界高楼林立还没有一幢属于自己，就这样赤条条来去无牵挂的——去死？

绿毛敢肯定扔掉手机后，红花一定是个智力发育不全的小姑娘，听她说话没有半丝被生活蹂躏过的痕迹，却一天到晚无病呻吟，把生活的"真相"挂在嘴边。生活的艰难还没体验过，迄今为止最大的伤痛可能是前男友不告而别什么的。一起去死？跟她这样的人去死，那不是开玩笑嘛！

忘了跟红花是怎么认识的。附近的人？交友软件？聚会？朋友的朋友？完全不记得了，只是在某年某月某条朋友圈装深沉的状态下面，有她神秘莫测的点赞，之后就陆陆续续交谈。因为都发生在黑夜，也就是脱掉面具自动化身成英雄的晚上，所以逐渐印象深刻。那么多人不肯睡觉喜欢夜晚，绿毛觉得大多数是像他一样只有在晚上才能找到成就感的"塑料英雄"，就像灰姑娘12点前可以维持公主的假象一样，他和他这类的"英雄"在12点之后披上暗黑的外衣，拿起挥舞在虚拟空中的宝剑，顿时所向披靡，丢失的梦想，残存的勇敢，包括那一段一段不知道哪里看来经过调整后变成防身武器的世间警句，都牛×闪闪登场了。

这一切，在天亮之后都自动脱落成戏服，瘫软在"勇士"的脚下，看着"勇士"带上废物面具，洗脸刷牙上厕所，然后飞奔向地铁去赚取维持生活的经费，日复一日。

2

第一次说到一起去死的时候，是在某个不起眼的晚上，绿毛发表了一系列充满正义感的见解之后，再一次决定"鞭打生活"，他充满快感地辱骂着操蛋的人生，最后说了句豪言壮语，就像是临死的将领即将留下遗言的豪迈。

红花留言道："我和你有一样的感触，我们一起去死吧！"

绿毛被这突如其来的建议给吓住了，点开红花的资料看了看，标准文艺女青年 style，标签都是小众且极其无聊枯燥的东西，有意标榜的个性和拗口到矫情的签名，都是没被生活修理过的痕迹。

他决定修理一下她。

"一起去死？谈何容易？"

"有什么不容易？不就是死吗？"

"你知道死亡的定义吗？"

"结束和这个世界的关系，不玩了。"

"说得挺潇洒。"

"不敢吗？"

"不敢？哈哈哈，太可笑了。"

"那就一起去死吧！"

绿毛看着这一行平静却充满鼓动性的文字，竟然觉得背后一丝发凉。如果真的谈到去死，他真的敢去死吗？或者他真的愿意去死吗？

发发牢骚和真正实施行动之间隔着汪洋大海，红花现在就是这条悄无声息的小船，她不知从何而来，飘飘摇摇出现，又不知道向何处而去，正以一种神秘莫测的力量勾引着他内心潜藏的一些东西，他有点担心，却又不以为然。

之后他们的话题忽然之间就变成了"一起去死",之前是什么不记得了,之后是什么不再重要,眼前是"一起去死"。

这是一个很好的建议,也是一个很好的话题,只要开启这个话题,他们就忽然变成世间知己,他发射的信号被她收到,而她捡起来当作信仰,最后,"死亡"竟然成为维系他们关系的关键词。

当绿毛决定认真地跟红花讨论死亡的时候,他发现她并不是说说而已。像他这样,说说而已,嘴皮子翻飞,大脑根本没参与,只是为了言语痛快而拉出来的口号之旗,随风飘扬,昂首独立,是虚构英雄必需的配置。而红花不是,红花非常诚恳,甚至非常激进地邀请他一起去死,绿毛有点被震撼到了。

红花,一个在绿毛眼里狗屁不懂的女人,居然敢邀请他一起去死?并且,随着邀请的发起,一切后续的问题如时间、地点、方法,都纳入话题,成为他们讨论的主要内容。

绿毛不敢再随意对待了,像他一样把死挂在嘴上的人千千万万,而像红花一样把死当作一种任务去完成的,他没见过。理由是什么?绿毛在端正了对红花"死亡邀请"的态度之后,抛出一个非常庸俗的问题。

"死是可以,但理由是什么?"

红花说:"需要理由吗?"

"当然需要,死亡这么大的事,难道连一个理由都没有?"

红花显得很轻松地说："这么大的事？我以为不是什么大事呢。"

绿毛着急了，双手按着手机打字，手指在手机上飞舞着，像是圣人对于愚昧顽徒的痛心疾首的唤醒："你知道死亡意味着什么吗？意味着生命的结束！责任的遗弃！说到底，没有理由的死亡是不负责任的。"

红花沉默半晌说："不想活了，这可以是理由吗？"

4

为了给死亡一个名正言顺的理由，绿毛决定邀请红花面谈。

那是一个非常普通的咖啡馆，像所有的网友一样，两个人别别扭扭地见了面。从活跃的手机里忽然蹦出来，面对面的时候俩人都有些拘谨。红花比他想象中年轻，他比红花想象中怂，两个人见面后，从手机里的"世间知己"忽然变得没话可说了。

"你喝什么？"

"咖啡？"

"你呢？"

"咖啡。"

废话，在咖啡馆里，却问彼此喝什么，难道是果汁和酒？绿毛觉得自己很愚蠢，虽然答案一样，明显他说话的时候，底气不如红花足。红花有一种清冽的美，之前他判断这女孩一定是吃饱喝足无病呻吟的类型，见面时他却不敢断定自己是对的，年轻的红花表情很怪异，有那种经历一切看透一切的凉薄和无所谓，可她那么年轻，她能经历什么？！生活如此沉重，她凭什么可以无所谓？！

绿毛有些恼羞成怒，是一种权威被挑战的感觉，虽然在他的日常生活里，从没建立过权威，只是一个看人脸色小心翼翼的伪装者，但他隔空建立起来的虚假的英雄感此刻冒了出来，但她丝毫不在意这些。

咖啡上来后，红花搅啊搅，搅了一会儿，看着绿毛说："如果这是一杯毒药，该多好。"

红花说完，绿毛的背后起了一身冷汗，咖啡已经变颜色，似乎一瞬间变成一碗血，布满这森森的歹意。就在这样的险峻的时刻，他脑子又飘来一句无聊的老梗：壮士，喝了这一碗……

这荒诞的场景，他脸色一定很糟糕，他猜。

红花却并没在意，她说完了毒药的假设后，已经把"毒药"喝了一半，然后放空般发了会呆，看着绿毛说："你觉得怎么死好？"

绿毛正襟危坐，不想在她面前显露出自己对于"死亡"这件事上的没见过世面，他脑子里搜索出所有关于死亡的知识，正在编制语言，想一出口就把眼前这女孩镇住。

"怎么死好？这是后面再讨论的问题，今天我们应该讨论：为什么去死？"

红花说："需要理由吗？"

绿毛说："不需要理由吗？"

红花说："那你的理由是什么？"

绿毛一时语塞，又假装漫不经心地说："找寻生命的意义，发现并没有。"

红花说："我跟你理由不同，我根本就不想寻找生命的意义。"

"什么？"

"是的，为什么要寻找生命的意义？生命开始的时候并没有获得我们的自身的批准不是吗？"

"所以呢？"

"所以，生命只不过是一个偶然事件，无所谓的，为什么要对一个偶然事件去追求一个实际的意义？"

绿毛被红花说服了，他几乎感觉自己所谓的追寻生命意义是一件多么愚蠢的事。

红花继续说："就像我们喝咖啡的时候忽然喝下去一只飞虫，我们会追寻这件事的意义吗？不会，我们只会想办法忘掉这件事或者想办法把它弄出来，仅此而已。"

绿毛的脑子已经跟不上红花的逻辑，但他还是在强撑："也不是这样……"

红花说："既然开始的时候并没有必要的招呼，离开的时候也无须有礼貌的道别。"

绿毛在这一刻觉得红花真的很酷。

5

　　和红花告别的时候，绿毛不太敢看她的眼睛。他很自知，这一次的见面，让他暴露了很多弱点，在红花面前，他已经没办法装作自己营造出来的英雄模样，反而畏畏缩缩像个无知少年。在这样的懊恼之下，他觉得自己矮了很多，并且刚见面没注意，红花居然这么高。

　　告别的仪式是挥挥手，红花一转身就消失在人群里。绿毛盯着红花的背影半天没有移动，他觉得自己在她转身的那一刻爱上了她，或者说这女孩以一种死都不怕的猛烈征服了他。这个"爱"的感觉究竟是错觉还是真实的，他不知道，只是这天以后，他开始有所收敛，不再是那个躲在虚拟世界里信马由缰的人。不想虚张声势，可是又必须死硬强撑，当初闲得无聊硬凹人设，如今摇摇欲坠，哪怕用强力胶粘住，也不能倒在她面前。

　　绿毛开始偷偷关注红花的朋友圈，看她那些丧兮兮的色调，闪着寒气的每条状态，那些匪夷所思的俳句，那些摸不透的自拍角度，那些似乎真正和生活交锋过却赢了的王者的威风。不知道什么时候，他已经给红花封了神，且双膝已经下跪。他不想承认自己很失败，他想重新建立自信。这是爱情的力量吗？然而他只有一条路，那就是回应或者主动邀请红花一起去死。

　　想当初他甩出万丈豪情，红花接招邀请，他却胆怯后退，如今他只能迎风而上，修补一下自己的残缺，以死谢知己。当然，他并不是想真的死，他只是需要一个姿态，一个表态，一个在年轻女孩那里唯一可以支撑起来的"壮举"。

决定去死和死亡之间，还有十万公里的补救办法。以死亡相会，他需要制造一场声势浩大的假象，最终目的是经历生死获得一份意外的感情。

真美！要感谢自己的死亡言论，若没有这些夺眼球的谬论，他怎么有机会和这么酷的女孩认识，还能有幸一起去死？

6

他们相约在一个陌生城市的陌生街道的一个陌生小旅店，一起赴死。

两个人像叛逃的特务般，神秘兮兮地戴着帽子、口罩、手套，身穿黑色衣服，一人背了一个双肩包，约定是按照自己想好的死亡方式提供工具。

绿毛带的是绳子、塑料袋、安眠药和水果刀。绳子，用于上吊或者勒死自己和对方。当然，他可以在即将实施的时候，忽然变身情话王子，深情款款地看着殉情的姑娘，说出绳子就是我们生死之爱的见证之类令人胃部不适的屁话，所谓经历了死亡的尝试，接下来爱情该诞生了。

塑料袋，可以令人窒息而死，但据他的大脑想象，随手把袋子扎个洞得救的可能性很大，挽救指数很高。英雄救美，关键时刻重获新生，相依为命，不相爱怎么可能？

安眠药的死法比较浪漫，二人可以相拥入眠，在睡梦中一起死去。可他看到一个濒死体验的人说，安眠药吃下去之后会让人头疼欲裂，苦不堪言，他可不想受这种苦。如果这个方式被选中，他认为有两个方式可以获救：一、含住不下咽；二、找机会偷偷吐掉。

水果刀就更简单了，基本上他认为红花不会选择水果刀这个选项，因为溅一身血清理很麻烦，且扎不准位置的话根本不会致死，对技术的要求颇高，很不适合女性。

他很好奇红花的背包里装的是什么。

红花把双肩包往酒店的床上一放，打了个哈欠，想了半天，说："忘记了看一下黄历，不知道今天是不是自杀吉日。"

绿毛哑然失笑："既然决定去死，还管日子是否吉利？"

红花一本正经地说："当然，如果日子不好的话，也许计划落败，死不成。"

说得似乎有些道理，两个人同时拿出来手机看看日子：9.19。不错，看上去很吉利。

绿毛因为早有准备，所以态度比较坦然，但是红花带的什么工具，他很好奇。

绿毛问道："你带的工具是什么？"

红花说："工具？我没带工具。"

绿毛很诧异："不是说好了各自携带死亡工具吗？"

红花说："跳楼不需要工具吧？"

绿毛说："跳楼？——这可是 11 层。"

红花说："你觉得太矮？"

绿毛说："不不不，我的意思是……"

绿毛说完这句话也不知道自己的意思是什么，但是跳楼有什么意思？"扑通"一下跌掉在地上，脑浆肠子崩裂，血流满地，胳膊腿全身骨骼碎烂，死相难看。

绿毛认真地看着红花说："我可是恐高。"

红花说："我也恐高。"

绿毛说："所以，这不是一个好的方式。"

红花说："那你说说吧，什么样是一个好的方式？"

绿毛说："什么方式痛苦最小？"

红花说："枪击。一发子弹穿越脑门，甚至连死亡的意识都没有，就死掉了。"

绿毛说："你怎么知道？你又没死过。"

红花说："我研究死亡的方式已经很久了，相信我。"

绿毛说："为什么不是安乐死？"

红花说："安乐死太贵，也太安逸，没意思。"

绿毛想了想，觉得红花说得很对，但是这一刻，他觉得饿了。

绿毛说："我们吃点什么吧？"

红花不可思议地看着绿毛："你没吃饭？"

绿毛说："没有，我想等你一起。"

红花说：“我也有点饿了，你想吃什么？”

绿毛习惯性地打开外卖软件，刷刷地开始选择，他说：“你想吃什么？”

红花和绿毛靠在一起选择外卖，绿毛觉得牛肉面是不错的选择，红花皱皱眉，她想吃比萨，绿毛认为比萨像一张饼上沾染呕吐物，红花认为牛肉面毫无意义。二人选了半天，有点累了，折中了一下，选择了意大利肉酱面。

红花说：“最好有一瓶红酒，我们应该庆祝一下，在人间最后一个夜晚。”

绿毛觉得没问题，他一边点一边问了句不该问的：“这顿应该 AA 吗？”

红花说：“我请。”

绿毛放心大胆地点了一瓶很贵的红酒，是他从没敢想过的价格，红花却丝毫没有注意绿毛的细小变化，她正在打开双肩包，绿毛看到一条非常漂亮的裙子掉了出来。

等外卖来需要一定的时间，红花和绿毛百无聊赖，决定交谈。

红花说：“你没有带衣服吗？”

绿毛低头看了看自己的格子衬衫牛仔裤，说：“这不是衣服吗？”

红花说：“我说的是死亡的衣服。”

“寿衣？”

“结婚要穿婚纱，自杀不需要有亡服吗？”

这是一个非常好的问题，也是绿毛没考虑过的问题，他觉得自己愚蠢极了。

红花说："一会吃完饭，我要换上衣服，我们再决定如何死。"

绿毛点点头答应。

屋子里有点闷，绿毛起身打开了阳台的窗户，红花跟着走到了阳台上，此刻正是傍晚，漫天彩霞，浸染到天边，美不胜收。

"真美啊！"

"是啊，真美。"

红花问："你写遗书了吗？"

绿毛说："遗书？没有，我没有财产，也没有什么要说的。"

红花说："我也没有写。"

绿毛说："你不打算告诉你的……父母什么？"

红花说："我父母很早就去世了，我跟着姑姑长大的。"

绿毛说："那你不跟姑姑告别吗？"

红花说："姑姑去年嫁到国外去了，我们已经一年没联系了。"

绿毛说："其他人呢？朋友什么的。"

红花说："我没有朋友。"

绿毛想了想说："我也没有。"

两个人沉默了，等外卖让时间变得很长，两个人有些百无聊赖。

红花说："趁外卖还没来，我们讨论一下怎么死吧。"

绿毛说："我听你的。"

红花说："死亡是我们俩共同的事，不要听我的，我们要商量。"

绿毛说:"行,听你的。"

红花说:"你不喜欢跳楼是吗?"

绿毛说:"我觉得不太好,跳下去太难看,而且不环保。"

红花说:"也是,既然要死,最好不要给人添麻烦,你觉得纵火怎么样?"

绿毛说:"绝对不要,火烧的痛感据说比生孩子还疼。"

红花说:"你生过?"

绿毛说:"当然没有,但是也不想体验。"

红花想了想说:"太疼了,忍不住就不想死了。"

绿毛说:"是啊,我们不能给自己后退的机会。"

红花笑了笑说:"真没想到,我会跟一个陌生人一起死。"

绿毛反驳说:"我可不是陌生人,我不是。"

红花说:"对我来说,你是。"

可能害怕绿毛伤心,红花还补充了一句:"对我来说,全世界都是陌生人。我们都是孤独的,孤独而且自我,每个人都是一座孤独的岛屿,没有人和谁是真正相连的。"

绿毛说:"你对我来说,是孤岛上的雨水。"

红花说:"什么?"

绿毛说:"孤岛上空的雨水,落下来的时候,就和我脚下的海水融为一体了。"

红花笑了,不知道是觉得他幽默还是愚蠢。

7

外卖一直没来，红花和绿毛已经从虚无聊到了现实。

俩人交换了童年趣事，交换了少年糗事，交换了很多不可思议的事，红花比绿毛的素材多很多，绿毛不得不真假混合一起上阵，反正人都要死了，真假变得不重要，重要的是此刻他不能连往事的数量都输给红花。

红花说得有点累了，躺在床上，双腿绷直，眼睛望着天花板。绿毛也想像她那样躺下，又有点不好意思，虽然他本人是嘴炮分子，可面对一个漂亮独特的姑娘，他不太敢造次。

反而红花很落落大方，拍了拍自己旁边的一块空地，示意绿毛也躺下。绿毛立刻躺了下来，床并不大，俩人肩并肩，中间还留了一条缝隙，可以保持一个不算尴尬的安全距离。

绿毛觉得自己脸红心跳，身体也发生了一些变化，简直像个怀春少年。他偷偷瞄了一眼红花，她平静无澜，呼吸均匀，就这样心无旁骛地看着天花板，果然比他淡定多了。

"你谈过几次恋爱？"红花问。

"啊，恋爱？……嗯，什么算恋爱？"

"什么算恋爱你都不知道？你岁数不小了吧？"

"我睡过的女人很多，但是说起恋爱嘛……"

"睡过的女人，让你想起来心里就不舒服的有几个？"

绿毛认真想了一下，好像没有。

"你呢？你谈过几次恋爱？"

红花说："我没谈过恋爱。"

"什么？没谈过恋爱？怎么可能。"

"有什么不可能的？"

"你岁数也……虽然不大，但是，怎么可能没谈过恋爱？"

"我不想谈恋爱，我对谈恋爱没兴趣，就像我对任何事都没兴趣一样。"

"那可是挺遗憾的。"

"你很喜欢谈恋爱？"

"谁能不喜欢谈恋爱呢？自古英雄少年，谁能过得了情关？"

"这有什么意思呢？为一个人可以死去活来？"

"是的，为一个人疯狂、癫狂，所向披靡、无所顾忌，也可以为一个人废寝忘食、赴汤蹈火什么的，这是爱情的伟大呀！"

红花冷笑了一下说："这是伟大？这不可笑吗？"

"不不不，不可笑，你不能嘲笑爱情，因为你还太年轻，你还没经历过爱情，你不能否定你没见过的东西……"

红花偏过头来看了看绿毛，挑衅地说："你不是也没见过吗？"

绿毛说："我没见过？我怎么会没见过？"

红花说："你刚才描述的爱情，什么赴汤蹈火什么所向披靡，你却甚至连为一个女孩走心都没有过，你是中了爱情小说的毒了吧？"说完，嘴边还逗留着一抹轻蔑的笑。

绿毛想马上反驳，却听到门外有人敲门。他翻身起来去开门，实在是太饿了，外卖来得真是时候！饥饿的时候讨论爱情真是罪过，吃饱喝足再开始辩论比较正常。他兴高采烈地开门迎接外卖，却发现门口站的是服务生。

"您好，请问您需要热水吗？"

简直懊恼，热水热水，为什么在饥肠辘辘的时候，跑来问热水？绿毛很烦躁地打断了服务员的话，"砰"的一下把门关上。从没有过的酸爽感，临死之前，他不想再迁就谁，去他的热水吧！他想继续躺下来，和他喜欢的姑娘讨论爱情，顺便等着可爱的外卖，可是门又响了，绿毛暴躁地冲门口喊了句："我他妈不要热水，别烦了！"

敲门声继续，绿毛要爆炸了，他拉开门，大声咆哮："我说了不喝热水……"门外站着一个秃顶的中年人，正一脸狐疑地看着绿毛，顺便眼神向房间内瞟了一眼。

绿毛很不客气地问："你是谁？"

秃顶说："我住在你们隔壁，你们的声音太大了，有点影响我——这房间隔音不太好，拜托小点声啊！"

绿毛"砰"的一声又把门关上，此刻，所有的好心情都不复存在。

_8_

外卖还是没来，红花和绿毛饿得已经两眼发花了。

红花说："要不要打电话催一下？"

绿毛说:"订单上说配送员已经出发,没准路上堵车,再等会吧,一会儿给他差评。"

红花说:"不要,我们都要死了,何必让活着的人难受?"

绿毛说:"差评可以帮助他们改善服务,我们虽然要死,他们还得为很多人服务。"

红花说:"有次我在街上看到一个送外卖的大叔,在雨里翻了车,一边往回捡盒饭一边哭,我觉得他们挺不容易的。"

绿毛说:"谁容易呢?谁不是一边捡盒饭一边哭?我那个该死的部门主管,就因为我迟到了几次,把我的奖金扣了一半,害得我连外卖都吃不起!"

红花说:"你是做什么的?"

绿毛说:"推销员。"

红花说:"你刚才不是说你和朋友合伙开公司吗?"

绿毛愣了,支支吾吾地说:"是啊,以前推销吸尘器,也推销过机器人,现在和朋友一起创业……"

谎话真是一个魔咒,一旦开启,就必须有异于常人的记忆力和逻辑思维能力,去维持一个随口一说的假象,否则分分钟都有可能暴露,真险!

红花说:"我们继续讨论怎么死吧。"

绿毛惶惶然地点点头,这时候俩人都坐了起来,红花坐在床的一角,绿毛也坐在床的一角。

绿毛现在有两个心愿,第一个是赶紧吃饱,第二个是赶紧说服这姑娘放弃自杀，但这两样都有点拖累自己的人设，所以方式必须要婉转，要云淡风轻、润物细无声地进行。

绿毛说："刚才说到哪里呢？跳楼不行是吗？"

红花说："你都带了什么工具？"

绿毛说："我带得挺多的，有塑料袋……"

红花说："塑料袋？玩窒息吗？"

绿毛说："还有绳子，可是勒死或者上吊。"

红花抬头看了看屋顶，说："这个高度可能不适合上吊，勒死的话，我们怎么进行呢？"

绿毛说："是啊，如果我勒死你，你就没办法勒死我，如果你勒死我，我就没办法勒死你。"

红花说："打两个结，俩人同时拉绳子？"

绿毛说："可以试试看。"

两个人一起研究如何完美地在一条绳子上打两个结，分别套在脖子上，又可以互相一拉互相成全。系好之后，俩人把头套在了绳子上。绳子有些粗糙，把脖子弄得很难受，绿毛看了看红花，她一动不动。

红花问："开始吗？"

绿毛说："不等外卖了吗？好饿……"

红花说："如果一下子可以死去，我们也就不必吃外卖了呢。"

绿毛说："这不好，如果现在选择死亡，估计我俩还没死成就被外卖大叔看到，然后报警，120 会来抢救，我们会被抢救过来，受了罪却没死成，有点不划算。"

红花说："是，不能被救活，否则死不了。"

俩人同时把脖子从绳子里解救出来，绿毛偷偷吐了一口气，觉得有点惊险。

红花说："外卖的订单不可以取消吗？我现在有点后悔点外卖了，几分钟就可以永远解决掉问题，为什么临死前还要搞这些牵挂？"

绿毛说："现在退不了，配送员已经送出，肯定是堵车，也许很快就到了。"

红花说："你还带了什么工具？"

绿毛说："还有安眠药。"

红花说："还有一个办法，如果我们一起吃药死掉，你可以给配送员留言让他把外卖放在门口，这样我们可以安静地死，又不用被人发现，可好？"

绿毛想说不好，可是面对红花他又说不出来，只好从背包里拿出了药瓶。

红花看着绿毛说："多少片？"

绿毛说："不知道，应该是100多片吧，一人一把，应该足够威力了。"

红花伸出手，绿毛倒了一大半给她，又觉得有点多了，于是又收回来一部分。红花看着绿毛，绿毛有点心虚地看着红花，两个人互相心怀鬼胎地看了一会。

红花说："我吃下去，你会不会不吃了？"

绿毛说："怎么可能！你也太小看我了……"

红花说："听姑姑讲过一个故事，说两个人准备殉情，一起去跳海，后来女的跳下去，男的临阵逃跑了。"

绿毛说："传说总是故意污化男人，一个大老爷们怎么可能做这么丢人的事？"

红花说："不过我们也不是恋人，你也没必要对我有责任感。"

绿毛说："你觉得我会那么做？"

红花说："生命是你的，你可以自由选择，没必要背上任何包袱。"

"不不不，怎么可能，我不是这样的人。"

"我并不关心你是什么样的人。"

红花这句话其实沿袭了她一贯的口吻，此刻在绿毛听来却有些刺耳。她不关心他是什么样的人，她如此轻视他，不但以最差的恶意去揣测他，然后还补上一句——她不在意？这是对他最大的蔑视和挑战吧？她凭什么这样看低他，看扁他，又为什么这么不在意他？甚至他宁愿为了讨好她，决定跟她一起死！一起死！她有多么大的魅力，能让他放弃生命决定跟她一起送死？

绿毛恼火了，但是又说不出来什么。红花说得很对，死是他自己选的，谁也没逼着他，她本来就表达了他只是一个陌生人，她不在意他也是正常，为什么他会这么恼火？

绿毛平息了一下自己的恼怒，问："我能问你一个问题吗？"

红花说："可以。"

绿毛说："你为什么愿意跟我一起死？"

红花说："我没有愿意跟你一起死。你说得有点严重了。"

绿毛说："不是吗？这不是你邀请我的吗？"

红花说："我只是想死，刚好发现你也想死，所以大家一起死咯！"

绿毛说："仅此而已？"

红花说："当然，不然还有什么？"

9

饥饿可以让人产生愤怒，亦可以让人产生幻觉，这是以前绿毛不知道的。他很后悔自己没有吃饱饭再出门，不——他很后悔自己脑门一热就出门，他很后悔自己要搞什么该死的"一起自杀"游戏，他很后悔自己约红花出来见面，他很后悔当初自己有事没事说什么死！

死有什么意思？有那么多好吃的，那么多好玩的，那么多美女，那么多未知的诱惑，死了，一切不就结束了吗？

眼前这个女孩，他并不了解，他不知道她是干吗的，是从哪里冒出来，她为什么要死，为什么对死亡这么感兴趣，又为什么选中他一起寻死？难道他看上去就像一个该死的蠢货？

后悔，真的很后悔，人生已经够艰难，他还要在这艰难里制造烦恼。此刻，他不想死了。

应该说，他之前也没想死，只是觉得一起去死这件事很浪漫，很有趣，很刺激，他也在来死之前想好了一些规避死亡的办法。怎么死？谈何容易！他的工资还没领，他的手机刚充值200，他跟哥们约好了周末去打篮球，他还给几个薪水不错的职位投了简历没得到回复，甚至他的游戏账户里还有好几个勾搭着的小美女。他这是要干吗？被一个奇怪的女孩吸引，竟然打算跟着她一起送死？竟然还不是殉情？

绿毛再一次被激怒了，这叫什么事，简直有病！绿毛站起身，满腔愤怒无处发泄，在狭小的房间里走来走去，走来走去。红花也没在意绿毛的举动，她把安眠药摆在床上，摆成一条直线。

红花说："看来你是决定吃饱了再死了？"

绿毛说："你的意思是你不等外卖了，现在就死？"

红花说："都可以，无所谓。"

绿毛说："什么对你来说是有所谓的？"

红花说："没什么啊。"

绿毛说："是吗？你真的很酷。"

红花说："还好了，有什么所谓呢？什么都不重要。"

绿毛说："什么都不重要？你多大年纪了？21岁？23岁？你生活了这么多年，没有任何事情是你感兴趣的？你父母给你生命，你姑姑把你养大，你周围很多人给过你帮助和关心，结果你认为一切都无所谓？"

红花说："我没要求他们这么做，所以也别指望我会感恩。"

绿毛说："我算是看透了，你们这代人没别的，就是自私，骨子里的冷漠源自自私，自以为是，觉得自己很有个性，其实根本不是！"

红花说："你怎么了？忽然这么激动？我们这代人？我们是差了几代？大叔你这么愤怒干吗？"

绿毛一旦突破自我，也就彻底破罐子破摔起来，他教训人上瘾了。他说："看看你的样子，不觉得羞耻吗？一天到晚吃饱喝足睡觉，谁也没亏待你，你这么大的怨恨干吗？经历了什么？让你这么痛恨生命？恋爱也不谈，人生也看透了，你才多大，不觉得自己很幼稚吗？"

红花被绿毛的话给搞得莫名其妙，她起身就要走。

绿毛说："你别走，你站住！"

红花说："大叔，你是不是神经不正常？我真是看错人了。"

绿毛说："你看错什么人了？"

红花说："我以为你是一个勇敢的人，没想到……"

绿毛说："没想到什么？"

红花说："没想到你这么庸俗。"

绿毛哈哈大笑："庸俗，真逗，什么是不庸俗？跟一个莫名其妙的妞一起去死是脱俗？你是看了几部酸臭电影，看了几本日本小说走火入魔要模仿吧？告诉你，你在我眼里是什么你知道吗？"

红花说："谢谢，我不想知道也不想听，我在你眼里是什么就是什么吧，留着你的评价不用给我。"说着，红花像受骗了一样拿起包就要走。

门一开，外卖小哥正站在门口，看着地址要敲门，看到红花走出来，外卖小哥吓了一跳。红花推开他就要下楼，绿毛追出来，外卖小哥以为这是一对吵架的情侣，也不太敢说话，把外卖放下就离开。

绿毛一把抓住了红花，气急败坏地说："你别走！"

红花说："你无聊不无聊？"

绿毛说："什么无聊？"

红花说："今天的事情到此为止，就当没发生，我为之前想跟你一起死感到恶心。"

绿毛说："什么意思？"

红花说："男人都一样，说好一起去死，到头来磨磨叽叽，屁话连篇，根本靠不住！"

绿毛说："原来你是一个找死惯犯？"

红花说："不然呢？你以为你是我的唯一？拜托，照照镜子。"

绿毛说："你想多了，我呢，也从没想死，只是看你这么认真，想逗你玩玩，你还倒打一耙了？"

红花说："既然这样，各走各路，你何必纠缠我？"

绿毛说："说好的 AA 制呢？你说走就走了？"

红花说："AA 制？我喝了我跟你 AA，我没喝我跟你 A 个屁啊，你跟鬼 A 去吧！"说完，红花甩开绿毛的手，匆忙地快步地离开。

绿毛想再说什么，隔壁秃顶的中年人推门探出头，带着一脸虚假的微笑说："哥们，小点声，不隔音……"

绿毛气得脸色发青，进也不是，出也不是，走也不是，不走也不是，两份盒饭加一瓶昂贵的酒，一顿外卖居然花掉自己半个月的工资？路费来回加打车，加旷工费，最后居然什么都没得到？这他妈叫什么事？！

绿毛摔门而去，不小心被绊了一下，脚下似乎踩到了什么，也顾不上管了。

10

直播间里留言持续在增加，密密麻麻，快要满屏。

"不出意外，又一个胆小鬼出现了？直播怎么就这么停了？画面呢？"

"男人都不是东西，看出来了，个个说得挺牛的，不过是一个个的怂包。"

"好可笑呀，你们看到那个男的那恶心的脸了吗？一本正经却又不敢死的嘴炮，这就是男人的真相。"

"死？他也配？嘴炮加键盘侠，这样的人多了去了，别再玷污死亡这门艺术了。"

"很可笑。"

"真扫兴，红花已经直播了多少次死亡约会了，是骗流量吧？到底哪一次才能真的死一下！"

黑

车

　　我一直以为拦不到出租车这件事只可能发生在鸟不拉屎的郊区，没想到三里屯这个繁华潮人区竟然也会发生这样伤感的事情。一拨一拨的人潮经过，一辆一辆的出租车经过，就是没有一盏亮着空车灯的。

　　时间在我的焦虑中缓缓流过，已经凌晨 1 点，地铁公交也纷纷收车，当时的我刚刚在三里屯跟一个不靠谱的男人讨论靠谱的重要性以及哲理人生观的倒塌，最后，我趾高气扬地离去，却沦落到木立街头无车可打的尴尬处境。

　　我沮丧至极，加上疲惫不堪，加上心灰意冷，简直想举起一把大锤子砸烂宇宙……

　　路边有很多黑车司机双手插进口袋里，用低沉的嗓音和猥琐的眼神扫射着往来的行人，时不时问一句："去哪里？"大部分人不愿意搭理黑车司机，因为他们不光车黑，心也太黑，两三公里的路程张嘴就要 50 元，稍微路途遥远点没二三百元根本不行。没有他们不敢开的价，但是，奇怪的是，总有人坐上去。比如我。

这个点，这样的地段，这么没指望的状况下，我还能有什么选择呢？地铁、公交已经收车，路边"蹦蹦"不可能跑那么远，出租车又一直没有空车，我只能冒险打黑车了。

其实我也不是完全没有选择的，当时有至少 4 个黑车司机凑过来问我去哪里，我选择了一个戴眼镜，看上去在这群人里还算斯文的那位，回问："多少钱？"

眼镜男说："你说。"

我说："你说。"

眼镜男问了我的地址，想了一下，说："正常如果你坐出租车，大概五十几元，比这个略微高一点，我就走。"

这话说得让我有点感动，简直是业界良心，我又问："多少？"

他说："70？"

我说："60？"

他说："70 吧，60 实在太少了，我回程还要空车。"

"65？"

"走。"我想他一定还会跟我再磨叨一会，没想到他答应了，简直像做梦。

如果路上拥堵，其实打出租车 65 元都未必能正常到家，黑车司机竟然答应了，我短暂地愉快了一会儿之后，瞬间感到凉意袭人 —— 他为什么愿意用这样的价格成交？

当他开车的那一刻，我脑补了无数深更半夜被黑车司机残杀的传说，加上凌晨的月光如此邪恶，道路又如此陡峭，就这样，晃晃荡荡，诡异无比，气氛已经可以拍惊悚片……

我迟疑着要不要找个借口下车，因为从三里屯往东南方向开，很快道路就进入静悄悄的偏僻路段。但目前，我已经骑虎难下别无选择，我现在跳下车，更有可能遭遇完全打不到车的困窘状况，也有可能会被更大的危险包围，但是，目前我将要面临的，难道真的是传说中的黑车魔爪？

怎么办怎么办怎么办？我越想越害怕，浑身是汗，觉得旁边的司机斯文的眼镜底下有深不可测的内心，万一他不仅仅是图财那么简单，还想害命，外加变态丧尸狂切割控食人族……天啊！我的精神就在这胡思乱想的夜里，几近崩溃了。

车子已经缓缓驶入更偏僻的一条小路上，两边的路灯也越来越暗，参差不齐地排向两侧，有一些还在忽忽闪闪，像随时要熄灭的样子。

我完全不敢动弹，身体僵硬地靠近车门，随时打算做出跳出去狂奔的准备，就在我的紧张已经抵达极限的时候，司机突然说："我抽根烟，行吗？"

我的心脏一路狂跳，像一块石头被丢下悬崖，我按捺住内心所有的活动，尽量面不改色地点了点头，说："没关系。"

司机听到这句话，显然挺高兴，他开了一下车窗点上了烟，看了我一眼。

我有点后悔坐在副驾驶座，平日里我打车一般是坐在后座的，今天难道注定是一段邪恶的旅程吗？

因为车窗被打开，本来凝固的空气倒是注入了一些生机，三月的夜虽然凉却也温和，我深呼吸了一下，让自己吸收了一点外界的空气，状态比刚才好多了，我注意了一下车内的表，这时候已经凌晨。

司机抽着烟，问我："这是回家吗？"

我说："嗯，是的。"

司机说："在那边买的房子？"

我说："父母的房子。"

司机说："跟父母同住？单身吗？"

我紧张地沉默了一下，不知道该如何回答，也在迅速判断回答问题可能带给自己的危险和麻烦，他没等我回答就说："单身贵族啊！"

我尴尬地笑笑，不置可否。

他说："你知道从三里屯到你家应该要你多少钱吗？"

我一惊，感觉这话不妙，他说："三里屯到劲松，一般的司机都会要你 150 元，到你家的话，没有 200 元，没人会拉你的。"

我说："是的，所以真的很感激你，你是个好人。"

我这话绝对不是无缘无故的马屁之言，以前在某个杂志上看到过一句话，大概是说，受到鼓励之后，坏人也会变好，若被刺激，好人也可能做坏事……总之，我多么希望一切担心都是多余的，我只是遇到了一个好心人，看到一个家住郊区失恋的大龄女青年一个人徘徊在打不到车的三里屯，心生怜悯而已……当我说道"你是个好人"的时候，我几乎是在低声哀求，哀求这个赞美变成事实。

也许是我的哀求被附近的神灵听到，司机在沉默了片刻之后，说："你没猜错，我确实是个好人。"

"哦！"我惊喜又激动，怀疑又迟疑，担心又焦虑，终于看了一眼被我第一眼判定为"斯文"的司机，当然，斯文也只是在黑车司机的水准上派生出来的标准。

凭良心说，从面相上来说，他绝对不可能是一个好人，他绝对属于神秘莫测型，虽然戴着眼镜，却更像恐怖片里不露一丝声色的凶犯，他叼着烟，手握方向盘，眼睛半眯，气场怪异，我的害怕也不是无缘无故的。

黑车驶过很多条街道，来到了最狭窄、最黑暗的一条小道上，如果我一路担心他会作案，恐怕这个地方是最适合的场地了。这段路以前是个火车道，现在处于半废弃状态，偶尔也会有一些货运车辆经过，但是基本上它沉默又荒凉，周遭旁枝杂生，也少有人经过，尤其在晚上，这里简直像一个天然的作案现场。

我的状态已经升级到神经质了，几秒钟时间我已经想到了无数可能性以及应对方案，比如说，如果他突然停车，我应该求饶还是大叫？如果他拿出刀子，我是不是应该把我全部积蓄给他只求平安？如果他兽欲突发，我是该拼命挣扎还是为保命甘愿受辱？总而言之，我后悔得要死，时光流转到一个小时前，在三里屯徘徊招不到出租车的我为什么不能转身去找个酒吧喝一夜酒？没准还能认识新朋友，开展新恋情。或者打打电话，看看能不能到附近的朋友家投宿一夜，最差劲的，周边随便找个快捷酒店凑合睡一夜……无论如何，任何方案都可能比上一辆面貌奇特的中年男性的黑车要来得更安全一些吧？

　　现在该怎么办，一切都发生了，我能怎么办？求饶、求救、求人品爆发、求奇迹来临、求好运使者？在这一刻，我深刻感觉到人作为一个个体存在于世界上的虚弱，想到这里我几乎要掉眼泪，虽然也是害怕，但是更多的是后悔。

　　司机静静地开着车，不紧不慢，完全没有发现坐在他身边的乘客在这短短的几十分钟内心海起了多大的波澜，神经经受了多么巨大的摧残，同时也已经做好了粉身碎骨的各种准备，还在夹缝里求奇迹……他越是面无表情，平静无澜，对我的刺激就越大，因为危险永远不会预告，越平静就有可能会越恐怖，我已经彻底被折磨成惊悚剧导演。

　　经过了那个废弃的"天然作案现场"，又穿过了一条影影绰绰的小胡同，终于，车子再一次驶入街道，我又看到了街灯，又看到了车辆，又看到了零落行人，又看到了若隐若现的月亮……

　　我松了口气，略微放松地安慰了一下自己，把身子靠在座椅上，此刻，我的冷汗已经变成丝丝的汗珠从身体的各个毛孔中渗透出来，悄悄流向我的后背。

来到马路上，司机的车速似乎也稍微快了点，我第一次清醒地意识到，快绝对比慢有安全感，"缓慢"是这个世界上最可怕的状态之一。想一想，疾风骤雨并不可怕，夹枪带棒并不可怕，挥刀斩首并不可怕，凌迟却是无法想象和接受的恐怖，原因不就是慢？

快速，让我找到了些许安全感，同时也给了我一些莫名其妙的力量，我甚至有一刻在想：要发生就痛快发生好了，大不了一死！想到这里，我又立刻后悔，我凭什么在一个无辜地被甩的夜里要去送死？我还没尝到人生的百味，也没有体会过爱的彻骨和狂喜，更没有做出任何让自己认为够本的壮举，我凭什么要死？我不能死，哪怕我今夜要面对惨剧，我也一定要想尽办法扭转乾坤，我要勇敢面对一切！就在我给自己打气和做好了跟命运搏斗的准备的时候，奇怪的事情发生了。

黑车司机沉默了半路，又抽了几根烟，也许是无聊了，忽然跟我闲聊起来。

他说："你知道我为什么会这么便宜拉你吗？"

又来了，他每次重复这句话，我就认为一定是话里有话，玄机无限，并且是明显的暗示。

他也没在乎我回答与否，自顾自地说起来："我以前也拉过一个女孩，长得真好看，眉清目秀，脸也好看，腿也好看，胳膊也好看，连指甲都挺好看。"

天……真的开始了！这不就是一个典型的恋物癖、杀人狂、身体控的表现吗？我刚刚放松和打过气的灵魂再一次因为这些话而变得风声鹤唳、草木皆兵起来。我下意识地摸了摸自己的胳膊，想象它们被割下来悬挂在空气中变成夸张的香肠的样子，低头又看到自己的腿，这一定会被剁碎，或者放到高温的地方煮熟吧？指甲……我虽然不留指甲，但是这些东西会被拔下来，变成一些不可思议的小装饰，来为他的特殊癖好增加恐怖的美感吧？

司机继续说："这么好的女孩，却没想到是一个两岁孩子的母亲，完全看不出来，绝对是一个少女的样子。"

说完，他竟然忽然侧过脸来看了我一眼，这一眼看得我胆战心惊，魂飞魄散。

月光下，他的脸色显得蜡黄且病态，眼神中还竟然绽放着一丝邪恶的得意感，我被这一眼看得肉体脱落，只剩下枯瘦的灵魂了。

为了安慰自己，我言不由衷地努力把话题往世俗和正常方面引导，另外，我愿意做个善意的倾听者，若他真有仇恨，也许是因为多年缺少倾诉，积蓄太多的秘密导致，如果可以，就让我当作治疗他心内病痛的垃圾桶吧！我不介意，我乐意。

我说："这么好的女孩，一定很幸福吧。"

司机冷笑一下，说："她没结婚，但有个孩子。当初认识了一个北京男人，给她安置在一个别墅内。"

我小心翼翼地说："二奶？"

司机说："不算二奶，那个人没结婚，但是也不会跟她结婚。"

我还没有搞清楚这里面的逻辑，他继续说："她坐过我的车几次，有一次她的包落在车里了，Gucci 的，里面有很多现金，我当时把包还给了她，她很感动。那是个冬天，她激动得穿着睡衣就跑下来了，对我连声感谢，请我吃饭。"

我说："你真的是个好人。"

司机说："确实，我当过兵，算是个好人。"

当过兵，训练有素……完了，如果他要害我，我是没有任何逃生的可能性了。

司机说："就这样，一来二去，我们俩就发生了关系。"

……我愕然地看着司机，虽然我刚才有强烈意愿做他的治疗垃圾桶，可是我还是很意外素昧平生，他竟然告诉我如此隐秘的故事。难道他真的太孤独，孤独到需要跟一个神经兮兮戒备感十足的女乘客讲隐私？

在这一刻，我做了一个决定，我决定不再打断他的话，虽然他一直在断断续续，我认为我完全没有必要去迎合和附和，我想听完他要说的话，尽管我不明白他讲故事的动机和讲完故事要采取的行动，可就像我刚才一路梳理的一样，如果他是一个当过兵的怪趣味爱好者，打算在心情不错的夜晚实施一桩怪案，我是毫无办法改变这件事的，既然这样，不如坦然迎接。讲故事这一环显然是必须和必要的，就像有些杀手杀人的时候要放交响乐，杀完之后要去教堂祷告一样，每个人都可能有奇怪的仪式，这个人的仪式难道就是讲故事？

以下，就是他拼拼凑凑、停停走走、断断续续讲述的一些故事碎片的拼凑，大意如下。

他在几个月前开车的时候认识了一个女孩，这女孩 19 岁左右，来北京三年，认识了一个北京男人，是个身份神秘的人，他也没交代到底多神秘，总之他用"公务员"来代称，但是这个神秘人显然不止是一个公务员，因为他给女孩买了豪宅、豪车，出手阔绰，行为乖张，感觉更像一个知名人物。他把她安排在一个高级的别墅内，允许她生了一个孩子，但是不打算跟她结婚，女孩每天只能等他的电话，不能主动联系他。

久而久之，她寂寞又痛苦。很快，女孩开始流连外面的世界，她经常会认识陌生人，带他们回家，欢爱、温暖，然后经常被骗钱（当然，也不是她的钱，一切都是公务员的供给）。那次捡到包归还之后，女孩一直对他心存感激，认为他是个好人，两个人经常约在一起喝酒，一来二去，关系就亲密起来。在一次喝醉酒的夜里，他跟她回住所，两个人都醉醺醺的，他要去洗澡，洗完澡之后，他一丝不挂地出来，出现在她面前。孤男寡女，共处一室，自然干柴烈火不必赘言。

欢爱过后，司机告诉女孩，他不可能跟她结婚，但是愿意保持这样无拘无束的关系，女孩表示同意，两个人便经常幽会。

女孩在跟他幽会的同时，其实也在跟其他的男人幽会，不同的是现在有了他，他会帮她出主意，比如说不要带陌生男人回家，不要随便借给别人钱等，相当于是她的"狗头军师"，她也比较听话，也没啥所图。女孩长得漂亮，但是智商确实不够用，跟他在一起几次就怀孕了，在他劝说下去堕了胎。有时候女孩也不让他省心，经常会突然半夜打电话号啕大哭，或者打电话来说醉话，要他去陪，这时候他都会假装是有人叫车，偷偷地溜出去跟她幽会。他告诉我，他的妻子是个气质不错能力不错的人，在某著名化妆品连锁店做主管，言下之意是，妻子是有身份有地位的人，他不可能让这个女孩扰乱他的生活，只要在这个前提的保证下，其他的怎么都行。

我全神贯注地听故事，几乎忘记了恐惧，忘记了戒备，忘记了紧张，我甚至沉浸在一个19岁女孩的悲情故事中。在更小的年纪，来到偌大的城市，遭遇到的男人全都告诉她，只要不结婚，其他都可以 —— 对于饮食男女来说，除了结婚，其他的还能有什么呢？上床，利用，擦肩而过，寻寻刺激？以廉价的"帮忙出主意""寂寞陪伴你"和还算有良心的"给你点钱""买个房子"为犒劳，换取一个女人最美好青春里最美好的身体和情感，这些难道真的是出出主意，寂寞陪伴，房车钱可以弥补的吗？

我陷入低落又喟叹的状态中。时间在流逝，路程在缩短，危险性也已经变得越来越小。黑车司机讲得很投入，几次停顿、沉默、冷笑，对她的口吻有喜欢，有不屑，有无奈，有鄙视，有不甘，有恨铁不成钢，这些复杂的、矛盾的情绪交织在一起，铺在一个 40 岁男人的沧桑面容之上，像涂抹了一桶变质的化妆品，呈现出来的姿态是奇形怪状的综合体，也许隐隐还交织着香和臭两种极端味道，互相争锋还是彼此掩盖？无人知晓。

黑车司机看我听得很入迷，峰回路转说："那个公务员，实在不是个东西，整天打她。"

"为什么？"

黑车司机说："就是一个极端自私和暴力的人，说白了，没有拿她当人，只是当一个玩具。"

我还是不解："即使是玩具，就算是宠物……为什么要打她？"

黑车司机说："他对待她从来没正常过，两个人的性爱极其变态……"

黑车司机显然已经忘我，许多的描述已经超出了我能接受的跟正常陌生人交谈的范畴，我有点无法接受，幸好这时候车已经快到我所居住的小区，黑车司机没意识到我的反感，悲愤地情绪起伏地说："我已经告诉这个女孩，他这么对你，你也不要饶恕他，马上卖掉这套房子去外国，然后举报丫的，让这个禽兽生死不如！如果她举报他，他就彻底完蛋了，哈哈……她掌握了他太多的丑闻，这个败类、人渣、魔鬼、变态！"

坐在司机的旁边，我能明显看到他因为激动而暴跳的青筋，我再一次害怕起来，我认为此刻他的情绪足以让他头脑发热做出任何可怕的举动。我哆哆嗦嗦地给他指了一下道路，他有点走神，紧急拐弯，驶近我所居住的小区。

这时候，一个清醒的意识在提醒我，赶快下车，不要让他知道我住的具体单元和楼层，尽管在小区里，他行凶的可能性已经微乎其微，但是绝对不能掉以轻心。就在这里结束这段惊心动魄的旅程吧！一切来得那么突然，一切结束得应该也不需要准备，我在路边一指，对他说："这边停吧。"

黑车司机似乎意犹未尽，似乎不甘不愿，似乎恋恋不舍，缓慢地把车停在路边，我拿出钱包来找钱，他却不肯打开车灯。

我在黑乎乎的车内找出说好的65元钱，趁我找钱的功夫，他说："其实她跟别的男人睡觉的事公务员也知道，要不能这么打她吗？有一次她跑出去约会，正好被他撞见，当场就揍在地上，打得她鼻青脸肿，之后每次见她先揍，揍完再做爱，用各种变态的方式折磨她，怎么变态怎么来。"

我再也不想听关于这个故事的任何一个字，如果说中间那一段我因为恐惧而衍生出了善意，又因为同情而陷入到对女孩悲情遭遇的同情之中，现在我已经解除了危险警报，已经恢复了意识，已经找到了正常人的判断和思维能力，我开始恶心、呕吐，开始反感和鄙视，开始唾弃和厌恶，我恨不能马上飞回自己的家里。这一趟旅程真是太恐怖，简直是地狱之行，我不但经历了惨不忍睹的想象力控制下的恐慌极限，而且听到了如此变态和下流的故事。我不再怜悯任何人，黑车司机宛如一个暗黑料理师，端给我的是大便、小便、垃圾和废弃物混成的一盘极致大餐，我的忍耐力已经完全耗尽，我拿出 100 元扔给他，说："不用找了。"说完，我立刻开车门下车，就在我要离开的那一刻，黑车司机突然说："等等！"

我背后吹起一阵冷风，升起一股新的恐惧。我不知不觉停住了脚步，脑子又一片空白，难道他要告诉我一个恐怖的结局，比如说，这女孩被肢解了，或者说，其实他就是那个极致变态的公务员，或者说，他和妻子联合起来把女孩杀死做成了化妆品？……

他喊住了我，给了我无数新一轮的恐惧遐想，然后他突然给我一张名片，说："我看你挺时尚的，买化妆品的话找我老婆吧，她叫 July，如果你到她店里看中了哪一款，先别买，打电话给她，她能给到你意想不到的员工价，折扣吓死你，而且绝对是正品……"

我哭笑不得地接过名片，连声道谢，然后几乎是疯狂地向家的方向奔去。

此刻，凌晨一点多的北京夜空，根本看不到星星，也没有什么月光，小区里空无一人，完全没有了白天的繁闹，静得仿佛一座墓园，一间一间的小楼阁仿佛一尊一尊的墓碑，在黑暗中闪烁着极其诗意的狼狈感。

这疯狂而荒唐的世界，我要奔向它，又要远离它；我热爱它，又厌恶它；我害怕它，又依赖它。我跑了好久，不时回头看看，确定他没有跟上来，还是不放心，再次拔腿就跑，也不知道跑了多久，也不知道怎么还没有到家，我的双腿像两根坚定的钟摆，不协调却停不下来，仿佛有一种奇怪的眼神因为没能达到目的而遗憾地对我进行追踪，期限是——永久。

失恋餐厅
·